黒で遊ぶ子どもたち

［99ページ参照］

「できた！　トンネル」

［128ページ参照］

姫島色をつくる

［53ページ参照］

白で遊ぶ子どもたち ［99ページ参照］

「水、流せる?」 ［134ページ参照］

カラー・ボックスの引き出しの中身 ［78ページ参照］

チャートを観察する生徒

［107ページ参照］

「おしゃれさん、こんにちは」

［161ページ参照］

「ポワーンポワーン」

［130ページ参照］

「赤」のイメージを掴む
［143ページ参照］

一日学芸員として作品の紹介をする生徒
［109ページ参照］

「超・ぼわんぼわん」
［166ページ参照］

「地域の色・自分の色」実行委員会＋秋田喜代美 編著

色から始まる探究学習

アートによる自分づくり・学校づくり・地域づくり

明石書店

はじめに

佐藤禎一［公益財団法人大分県芸術文化スポーツ振興財団理事長・
東京国立博物館名誉館長・元ユネスコ日本政府代表部特命全権大使］

大分県立美術館（愛称：ＯＰＡＭ）は、平成27年4月24日に開館した、まだ成長途上にある美術館です。この美術館のコンセプトは、様々な視点、感覚を通じて、感性や創造性に訴え、訪れる人が「五感で楽しむことができる美術館」であり、大分と世界、古典と現代、美術と音楽など、様々な「出会い」をテーマにした企画展を通して、新たな発見や刺激を受けることができることを目指しています。また、併せて、来館者が自宅のリビングルームと感じられるような、気軽に立ち寄れる美術館であり、次代を担う子どもたちから高齢者まで、全ての年齢層の県民と一緒に成長する美術館を目指しています。

この美術館では、開館する前から、美術館の持つ「教育普及」の機能が大切だと考えられ、その機能を存分に発揮するために、開館1年前の平成26年には館内の体制を整え、積極的に「アウトリーチ」活動を展開してきました。この活動がうまく進むためには、この活動を担当する美術館の学芸員の活動を中心に置きながら、県や市町村の関係者、それぞれの地域の教育委員会、学校、教員、研究者たちがつながり合い、有機的・機能的な活動を展開する必要があります。かくして、アウトリーチの実績を踏まえ、「地域の色・自分の色」が活動のテーマとして選ばれ、関係者による実行委員会を組織し、学校教育における総合学習の充実・発展を視野に置いたプログラムが積極的に開発・実施されてきました。この間、幾度となく関係者の会合や発表会を開催し、経験を共有し、工夫を重ねてくることができました。

幸い、これまでの活動は高く評価されてきました。平成28年には、東京大学教育学研究科の秋田喜代美教授のご指導を得ながら、また京都大学理学研究科の竹村惠二教授の参画を得て、大分大学教育福祉学部が申請した「幼小期における地域の色をテーマとした教科融合型学習の開発」について、科学研究費が配分をされこの活動の学術的な基盤が培われる体制が整いました。また、平成28年博報児童教育振興会研究助成や平成29年読売教育賞（美術教育部門）なども受けることができました。関係者の共同作業により、多くの課題を抱えながらも、一定の実績を積み重ねることができたことを喜んでおります。

幸いにこの活動は一定の成果を挙げてきていますが、試行錯誤を重ねてきた道のりを考えますとき、各関係者がどのような取り組みをしてきたのかということをまとめて、この活動のこれからの発展のための基礎資料にし、また多くの方々に知っていただき、ご参考に供したい、ということから、この本ができあがりました。

ところで、平成19年に改正された現行の学校教育法第30条第2項では、いわゆる学力の3要素といわれるものが示されています。「生涯にわたり学習する基盤が培われるよう、基礎的な知識及び技能を習得させるとともに、これらを活用して課題を解決するために必要な思考力、判断力、表現力その他の能力を育み、主体的に学習に取り組む態度を養うことに特に意を用いなければならない。」と規定されています。

ちょっと寄り道になりますが、前段の生涯学習も大切な課題です。

1965年にユネスコにおいてポール・ラングランが生涯教育という考え方を提示したのが嚆矢であり、その後OECDで1973年にスウェーデンの文相だったオロフ・パルメがリードし、「リカレント教育」という概念にまとめ、世界に流布されました。我が国では、伝統を踏まえ、より広い考え方である「生涯

「学習」という考え方を導入し、臨時教育審議会などの後押しを得て、教育基本法の中にも規定がつけ加えられました。今日では、世界中でライフロング・ラーニングという用語が使われています。これからの社会を考えるときに鍵となるものであり、教育という目線から学習者の学習支援へと次第に諸施策が広がりつつあります。長寿社会を迎え、OECDのいうリカレント（再教育）が人生の多くのステージで必要になるという面では、学校教育にとっても大切な課題で、喫緊の対応が求められていますが、美術館、博物館、音楽ホールなどの諸施設は、まさに生涯「学習」についての必須の場となることは間違いありません。学習者の目線からの支援活動は盛んになっていくものと思われます。これからの美術館の教育普及活動は、しっかりと学校教育との連携を深めるとともに、様々な学習活動に対しどのように寄与していけるのかという課題が大きくなっていくことも視野に入れておく必要がありそうです。

本題に戻りますが、後段のいわゆる「学力の3要素」は、国際的な学習達成度比較事業であるOECDのPISA（生徒の学習到達度調査）などで示され、今や世界的な標準となっている学力観を反映したものです。2000年に始まり、3年ごとに行われてきた学習達成度の国際比較事業であるPISAは、本来は各国の教育施策に対する示唆を行うことが目的とされていましたが、第1回目の結果が、国際的なランキングの様相を呈し、かなりの国で政治課題となったため、かえって大いに関心を集めることになりました。我が国の子どもたちは幸いにも過去5回のPISAテストのいずれでも世界のトップグループにいますが、世間の関心が順位だけという傾向はいかがなものかと思っております。当然ながら、出発の時点で「学力」とは何か、という議論が徹底して行われました。その結果、従来の知識を覚え込むことを中心にした考え方から、習得した知識を活用して（もちろん基礎基本は徹底して習得しなければなりません）、自ら問題を見つけ、解決する能力を養うことを大切にする方向が国際的に合意され、そのような学力観の下でのテスト問題が時間をかけて開発されました。このようなことから、我が国においても国際標準となった「学力」を考慮した施策が展開されることになり、我が国の学習指導要領では、「生きる力」を標榜しながら、国際的な学力観に呼応することとなりました。またこのような学力を培う教育の在り方についても幅広く研究が進み、多くの提案が実践される段階になっているといえましょう。ここで注目すべきことは、非認知能力がいわゆる学力の涵養に大きな役割を果たす、という点でありましょう。

教育について芸術が果たす役割についてでは、必ずしも多くのことが語られてはいませんが、二つの書籍を紹介しておきたいと思います。一つは、ＯＥＣＤが２０１３年に発表した『アートの教育学』（日本語訳は２０１６年に明石書店より出版）で、要旨の中で、「芸術教育は、批判的で創造的な思考、動機付け、自信、そして効果的にコミュニケーションをとったり協力したりする能力など、イノベーションにとってだけでなく、数学や科学、読み書きといった芸術以外の教科においても、必要不可欠と見なされているスキルを身につける一つの手段であると広くいわれている」と述べられています。もう一つは、２００８年に出版された『脳科学と芸術』（工作舎）で、前書きの中で脳科学研究をリードされてきた編著者の小泉英明氏（日立製作所役員待遇フェロー、東京大学先端科学技術センター客員教授）は、「いくら知識や技能を頭や体に詰め込んでも、それを世の中のために活用しようとする志やパッションがなければ、何一つ始まらないからです。まさに宝の持ち腐れとなります。芸術には隠れた『智慧』が満ちていますし、芸術が引き起こす心底からの『感動』こそ、学習意欲や向上心の原点となりうるからです」と述べておられます。

芸術の学習に対する働きには、まだ十分なエビデンスが蓄積されているとはいえないでしょう。また、この二書は芸術という広い概念を扱ったものです。しかし、多くの人は、この二書の基本的な見方には共感するところがあると確信します。この分野の研究は、今後芸術の各部門について基礎的な研究が進み、厚みのある芸術論に発展していくことが望まれます。もっとも、芸術の各部門と簡単にいいましたが、ヘーゲルの示した5部門やカニュードが宣言した第七芸術（映画）のみで現在の芸術を語ることはできず、行く手に大海原を望む気がいたします。

私たちの営みは、小さいものではありますが、しかし、このような活動の積み重ねがあって初めて全体が明らかになるものであり、着実に進めていくしか道はないと思います。ささやかなものながら、芸術の持つ力を示す事例として私たちの経験を皆様と共有できれば幸いです。

色から始まる探究学習●目　次

3 大分県各地の独自性を生かして

4 大分県立美術館と学校連携の取り組み

5 活動を支える人々の声

1

学校がエンパワーメント　アートのパワーで

1 本プロジェクト三つの特徴

秋田喜代美〔東京大学大学院教育学研究科教授〕

①本プロジェクトの特徴1――色の探究とアート

ＯＥＣＤ（経済協力開発機構）から出されている『アートの教育学――革新型社会を拓く学びの技』（明石書店、２０１６）の中で、国際的に美術（図工）の授業時数が減少してきていること、その一方でアートに関する多様な教育を受けてきている生徒のほうが教科の学業成績も高いことが明らかにされている。しかしなぜそうなのかの道筋は定かではないこと、アートは、単に美的な側面だけではなく、アート固有の「心の習慣」(habit of mind) を生み出すことも指摘されている。グローバル化、人工知能をはじめとしてデジタル化が進むこれからの時代においても、単純な仕事がＡＩがとって代わるようになっても、求められる最も重要な資質は「創造性」であることが示されている。また、世界経済フォーラムの「Why schools should teach the curriculum of the future, not the past」（２０１８）でも、世界的に見ると子どもたちはアートとデザインの授業が全ての教科の中でも最も好きであるという回答結果が出ている。

それはアート、今回のプロジェクトでいえば色を生み出し発見し、その自らの色で描く表現そのものが、もう一つの私という日頃気付かない自分の発見、地域に住む私たちの発見というところにつながるからではないだろうか。色の生成過程や表現過程で、当たり前に思われている事柄に対する新たな見方にもアートは気付かせてくれる。自明の世界から一歩進んだ、新たなもう一つの世界の発見が色を介して可能となるということ自体が、学びになる。また色を出すために、石を拾いに行ったり砕いたり、骨や殻を焼いたり、染料や顔料となるものを集めたりしながら、そこから色を作るところで新たないろいろな道具を使い、その道具の使い方も習得していく。そしてそこに対象のきめや色の濃淡などの特性と自分で生み出した色で表現した物の楽しさ、面白さ、美しさ、豊かさなどの価値創造の経験を持つことができる。

すでに当たり前に思っていたいろいろな色を見つめることから、その色の元となる生物や植物、石など、地域や地球環境への愛着など、新たな質の生活や文化の発見にもつながる。だから子どもたちにとって、アートの経験、色の経験は、特別の価値を持つ探究学習になると考えられる。

それは、子どもにとっての意味ある経験の保障ということだけではない。教師や学校のスタンスも変えていく。テストで測定される教科に学校で取り組もうとすると、どうしても「何点上がった」「こんなことができた」といった集団のパフォーマンスを問題とする傾向が生まれ、そしてもっと高くを求めていきがちとなる。それに対して、色の探究に取り組む学校では、児童生徒一人ひとりの色を生み出していく、色を探究していく姿を見とり、またそこで作り出した表現を認め合い喜び合うという話題での、教師たちの語りが生まれる。つまり学校の中で語られる「子ども」の姿が変化していく。また色は単純に図工や美術だけではなく、多様な教材、理科、社会、国語などをはじめいろいろなことにつながっていくので、教師各々が専門性を生かした語りが始まる。

私たちの身の回りにはすでにできあがった絵の具や色鉛筆をはじめ、色を表現するための材料が存在している。パソコンのソフトで操作すれば、人工的に色を自由に変化させたり編集できる世の中になっている。しかしその中で、色を作りながら色を通してその地域の独自性や素材のかけがえのなさを発見していき、色を多様な角度から仲間とともに見つめ直すという点が、世界中のどのプロジェクトにもない、この大分発のプロジェクトの魅力である。そしてそれは大分でしかできないのではなく、どの地域でもすぐに取り組むことのできるプロジェクトである。だからこそ、このプロジェクトを本にしたいと私は考えた。

②特徴2――学校と美術館をつなぐ中間組織の存在

現在学校では、働き方改革が言われ、教師の過重労働が指摘されている。このプロジェクトは、大分県立美術館ＯＰＡＭと実行委員会が中心になって学校を支えていることがとても大きな特徴である。美術館、学校、大学などそれぞれの専門性を生かしたネットワーク作りがいかに学校を魅力的なものに変えていくのかを示してくれている。この組織の支えによって、真正な文化的な活動を行っている公共の場や空間と学校がつながり、子どもや教師とその文化的な場とのつながりが生まれている。つまり、この中間組織が知識や価値の新たな生成支援のセンターとなっている。

20世紀は、いわゆる第一次産業が中心の労働集約型社会から、工業生産の投資効率を目指した大量生産、大量消費という資本集約型の社会だった。それに対して、21世紀は知識集約型社会と呼ばれる（五ノ神、２０１９）。そこでは新たな知識こそが価値や意味を持つ。その在り方を支えている一つのハブ組織に、この中間組織がなっているのである。

現在、人口の都市集中化現象が世界的に進んでいる。人口の50％以上が都市部に住んでおり、２０５９

年には70％以上になるだろうという予測もある。人口集中地域と過疎地域では人口密度の違いだけではなく、多様な文化資源に子どもたちが触れる機会に関する機会の格差も生まれている。過疎地域に対して、公共施設である美術館のほうがアウトリーチとして中心から遠い過疎地域により積極的に出かけていくことによって、そうした地域の子どもたちの文化に対する意欲や意識も高めること、また県の教育委員会の支援によってバス等を活用して、子どもたちが美術館訪問などの文化的活動の場に出会う機会を年間で保障されていることがとても大事であろう。そうした意味でもこれから、美術館だけではなく、科学館や博物館、図書館などの公共の文化施設がどのようなアウトリーチ活動をし、学校や園という学びの場と架け橋を作り、地域のどこに住んでいる子どもたちにも豊かな学びを保障することができるということがとても大事であろうと考えられる。これから私たちの国が抱える過疎の課題に対して一つの手がかりや可能性を、このプロジェクトは小さな試みながらも示してくれている。

またこれらは子どもたちだけではなく、教師や親、地域の人たちにも開かれていく。

姫島村の場合には、地域の人向けの講座等も開催されたことによって、子どもだけではなくそこで保護者も地域の人たちも、生活していても知らなかった地元の様々なことを新たに知ることができた。またこの「地域の色・自分の色」実行委員会には、大分大学という地元の知のリソースである大学の先生方をはじめそこから生まれた多彩なネットワークがあり、そのネットワークと学校や園がつながることで、人の輪と同時に多様な知識や文化に触れる経験が保障されている。大学単体で地域とつながっていこうとすると、講演や講座、インターンシップなどの定番の形に陥っていくものだが、それに対して本プロジェクトでは、いろいろな人の出会いの中で相互に触発し合う関係が生まれていることが魅力であるといえる。

榎本さんや木村さんが自分たちでも試行錯誤しながら地域の色を探究する経験をされ、その探究に子どもたちと共に取り組んでいることの意味は大きいと思う。実行委員会の人は単に教える、普及啓発をしに行く人なのではない。彼らもまた様々な可能性に挑戦していく、その活動を照山さんが調整し、環境を整え、塩月さんが事務局として支援している、という構造は、少人数での取り組みでも、それがこのように県の中でいろいろなこれからの教育のイノベーションの可能性を示す拠点を作り出していった。それによって誰もが探究しながら地域の魅力を再発見できている。都会には文化的資源が豊かにあると思われがちだが、むしろ地域の良さを子どもたちが誇りに思える経験は、いわゆる伝統文化や地縁が残っている地域においてより豊かに繰り広げられる可能性があるのではないかと私自身考えるきっかけになった。

本書をお読みの皆様にも、中間組織の機能や意味がどのようにあることが、生涯にわたる学びの場を作り出していくのかを本書を通して考えていただけたらと願っている。子ども社会学研究者のアラン・プラウト（２０１７）は、既存の思考様式で陥りがちな二分法を超えた在り方の主体となることのできる存在として、子どもと中間部というものの在り方を論じている。このプロジェクトはグローバルとローカルや、自然と文化などの二項図式のつなぎとなる組織と子どもとの関係を示すものとしての可能性を読み取る契機ともなるであろう。

③特徴3——子どもたちの学びの物語をきめ細やかに記録する

平成29・30年度改訂の新学習指導要領では、学校が一体となって取り組むカリキュラムマネジメントや主体的対話的な深い学びが求められ、探究的な学習の重要性が問われている。知識を習得するだけではなく、「習得―活用―探究」のサイクルがうたわれ、また「総合的な探究の時間」など、子ども自らが問いを持ち課題を設定して探究をしていくことが求められるようになっている。つまり、問いを教師が与え子どもが答えを探したり解決するという役割からの転換が生まれている。私は、これからの教師の役割は発問や答えを与えることではなく、子どもたちの疑問や考えに対して更にそれを深めるように、問い返しや焦点を絞って問うことであるといろいろな場で紹介している。その疑問や考えはそれぞれの子どもたちによって違うので、子どもたち一人ひとりの声や姿に即興的に応答することでいかに子どもの探究を深めることができるかが鍵になっているということができるだろう。色をめぐる学習はその意味で、どの子どもにとっても初めは大人からきっかけを与えられる経験であっても、そこから「こうしてみたい、ああしてみたい」という思いや願いがうまれ、更にそこから対象をよく観ることを通して「なぜだろう、どうすればよいだろう」という感覚を生み出していく活動になっていく。そしてそれが、どの子どもたちの中にも生まれていく。色は視覚だが、それを通して嗅覚や触覚なども触発され、より精緻にものを見る、音を聴くようなことにつながりそれが対象への没入と問いの喚起を生み出す。

国際的には、このような探究学習の効果についてすでに報告されている。プロジェクトベース学習に関する多様な実践や支援資源を取りまとめ米国で提供しているＢＩＥ（Buck Institute for Education）の研究レポート（ＢＩＥ、２０１３）によれば、個人の学力だけでなく、進路選択や職業選択へとつながる21世紀コンピテンシーの育成や動機や意欲への効果、また学級や学校において、低学力の生徒も意欲を持って取り組むことで学力差を低減すること、様々な学力水準の学校でも取り組めること、また学校全体の改革へのモデルとなりうることや、教師の満足度の高い学習形態であることなどが明らかになっている。そして米国ではKingston（2018）がこの30年間の研究をレビューし、社会科、理科、数学、英語等において、その教科内容の知識を深めるだけではなく、より深い学びを経験していると指摘している（秋田、2019）。しかしそうした海外の研究でも、その効果を測定する適切な指標の妥当性等が十分ではないことが指摘されている。

本書のプロジェクトでは、姫島村での取り組みは学力向上にもつながったことが示された。けれども本書のプロジェクトの重要性はテスト学力だけではなく、第2章4節でも述べられているように、この学びの過程を捉えるための評価基準を大分大学の藤井康子先生たちが丁寧に作りその変化を質的に捉えることができたこと、また更に学年ごとに子どもたちの育ちの変化としてどのようにそれぞれの子どもたちが変化したかを動画や写真、ポートフォリオなども使いながら学びの物語として記述された点にある。色に関するルーブリックを作成し使用することは教師の専門性の向上にもつながる。また子どもたちの姿の変化を中間組織の人たちが整理し先生方とも共有することが、忙しい先生たちを支えるとともに更にその取り組みへの教職員の意識を高めていくことにもつながる。この学びのプロセスの見える化が、一体感を生み出し、そして更なる挑戦や探究を生み出していった。

なお本書以外でも、大分県内での色プロジェクトの取り組みは大分大学と「地域の色・自分の色」実行委員会が作成された姫島のＤＶＤや日本児童教育振興財団で作成された宇目のプロジェクトなどのＤＶＤとしてその実践の姿を見ることができる。併せて見ていただくことでその映像のリアリティを知っていただくことができるのではないかと思う。

④エンパワーメントの機能を持つ取り組みの条件としてのコミュニティの形成

本書は、「自分づくり・学校づくり・地域づくり」と題している。今の私たちにとって、「地域」とは何だろうか。地方創生、地域創生という言葉がよく使用されているが、いわゆる行政が指す「地域」という言葉と、そこに住まう人々が実感している「地域」は必ずしも一致していないかもしれない。

広井（２０１０）は、コミュニティ形成の原理として、同心円を広げてつなげるタイプと、独立した個人としてつながるタイプの二つを挙げている。そして、前者が農村のようなコミュニティで共同性を軸に結合を重視するのに対して、後者は公共性を軸にして複数のコミュニティが出会う場としての橋わたしであることを示している。また建築家の馬場他（２０１５）が述べているように、子どもを中心とした街づくりとしてのエリアイノベーションには、新たなビジョンやコンセプトが生まれることと同時に、様々な余地が残されることで、いろいろな人が関与しそこに新たなものが生まれていくことが大切である。この大分県のプロジェクトは都市で実施されているものではないし、まちづくりそのものを目指しているものでもない。しかし実際には色の探究を介した新たなコミュニティが一時的であっても作られようとしている。コミュニティ、コミュニケーションなどの語は、ラテン語のcommunisから作られた語だが、そこには共有、共通、分かち合うといった意味がある。色を探究する面白さという主題やそこで生まれるワクワク感という社会情動的な感情が分かち持たれ、人が参画しつながっていく姿がある。そこには大人対子ども、専門家対一般の方などの二分法的区別はない。また姫島村では幼小中と学校種を超えて地域でつながる探究がなされている。そうした活動に触発されて学校も開かれていく、そこには教育改革という名前の下に教員だけに更なる負担をかけるというのではなく、皆が自分の持てるリーダーシップを持って支え合い分かち合い、それによって一つの新たな風が学校や地域に送られる窓になっているのではないかと感じている。色はアート、美術科、図工と限定されていない。こうした「地域の色・自分の色」実行委員会のような中間組織、学校・美術館・地域のいずれもが活動の舞台となる中間的活動という意味でのミドルから紡ぎだされる公共性が、誰もが持つ力を引き出す機動力になっているのではないかと思う。

次章からの具体的活動を、ここでご紹介したような枠組みを念頭に読んでみていただけるといろいろな気付きが生まれてくるだろう。

文献

秋田喜代美「探究的学びを支援するために――海外の研究から見る5つの提言」『日本教材文化財団紀要48巻』２０１９年、９～14頁

ＯＥＣＤ教育研究革新センター（編著）篠原康正他（訳）『アートの教育学――革新型社会を拓く学びの技』明石書店、２０１６年

五神眞『大学の未来地図』ちくま書房、２０１９年

世界経済フォーラム「Why schools should teach the curriculum of the future, not the past」https://www.weforum.org/agenda/2018/09/why-schools-should-teach-the-curriculum-of-the-future-not-the-past/

馬場正尊・ＯＰＥＮ Ａ（編）『ＰＵＢＬＩＣ ＤＥＳＩＧＮ 新しい公共空間のつくりかた』学芸出版社、２０１５年

広井良典・小林正弥（編）『コミュニティ――公共性・コモンズ・コスモポリタニズム』勁草書房、２０１０年

アラン・プラウト（著）元森絵聡子（訳）『これからの子ども社会学――生物・技術・社会のネットワークとしての「子ども」』新曜社、２０１７年

Kwietniewski, K. (2017) Literature review of project-based learning. *Career & Technological Education Thesis*, 1.1-38

2 「びじゅつって、すげぇ！」の教育理念

榎本寿紀［大分県立美術館主幹学芸員］

①美術館教育普及の視点から

美術館の教育普及の仕事とは何であろう。わかりやすい作品解説、対話型鑑賞、普段家や学校ではできないダイナミックな制作活動、専門的な知識や技術、アーティストの活動に触れる、などが思い浮かぶかもしれない。しかしこれらは、教育普及の目的ではなく、あくまでも手段である。大分県立美術館の教育普及グループが目的としているのは、モノを見る楽しさを知ってもらうこと。至るところに存在する美を発見する独自の視点が獲得できると、美術作品に出会ったとき、見方や楽しみ方が膨らむのではないか。そのきっかけや出会いを作ったり、ワクワク、ドキドキするような好奇心を触発したりすることが、教育普及の仕事。開館に先駆けた準備室時代から、このワクワク、ドキドキを生み出すため、何ができるかを考えた。

見る楽しさを知るための、きっかけや出会いを作るため、教育普及グループは、「びじゅつって、すげぇ！」をキャッチフレーズに活動を始めた。人は初めてのモノ、不思議なモノ、きれいなモノなどに出会ったとき、心が大きく動く。「うわ！」「何これ！」「すごい！」など、思わず口から出てしまう言葉がある。もちろん驚いて言葉にならない場合もあるだろう。大切なのは、この心の動き。そんな驚きや発見

を「すげぇ！」という言葉で表した。

例えば、ある日のワークショップで行った、道端や空き地の植物のタネ、台所の野菜のタネを見る体験。肉眼では小さな粒にしか見えないタンポポのタネを、顕微鏡で見るとどうだろう。先端が、ゴツゴツ、トゲトゲしている。形の面白さ、複雑さに、子どもも大人も「すげぇ！」とびっくりする。また、校庭や通学路に落ちている石ころを砕いて絵の具にするワークショップ（第2章1節参照）でも、その美しさに思わず「すげぇ！」と声があがる。

どこにでもある見過ごしがちなモノの中に、何かを発見したとき、思わず「すげぇ！」と口に出る。「すげぇ！」と感じるかもしれないものは、日常の中にいっぱいある。それを自分の目で見つけ、「すげぇ！」と思えるか。そうした自分なりの「すげぇ！」を見つけるのに一番大切なものが、身体と感覚である。

携帯電話とインターネットの普及に伴い、膨大な情報が、どこでも手軽に手に入るようになった今、情報を得ただけで満足してしまうことも少なくない。しかし、世界の裏の様子まで、鮮明な画像で知ることはできても、風や匂いはそこに行かないとわからない。耳を澄ましてみる。目をつむってみる。それだけで見えていなかったものが、見えてくる。五感を刺激、あるいは働かせて、全身で「すげぇ！」を体感する。身体が喜ぶという感覚や、「楽しい」「すごい」「面白い」と時間を忘れて夢中になることは、人の記憶として、しっかりと身体の奥に刻み込まれる。情報社会となった今、自ら「体感する」機会がますます重要となるだろう。

「すげぇ！」を見つけるには、自らの身体を意識することが大切である。意識しはじめると今まで眠っていた感覚が目覚め、いろいろなモノを発見するだろう。世界が広がる、つまり認識の拡大が起こる。しかし自らの身体を意識するのは、易しいようで意外と難しい。そんな人たちのため、教育普及グループは好奇心を刺激するきっかけとして「すげぇ！」と思えるプログラムを心がけている。それが「教材ボックス」「ワークショップ＆レクチャー」「情報コーナーの書籍」の三つ。これは相互に関係している。中でも教材ボックスは、大分県の身近な自然・文化・風土・歴史・環境に注目して制作したオリジナル教材である。

いつも思うことがある。雨あがりの葉っぱの上やクモの巣は宝石だらけ。地面にしゃがみこむと、今まで気付かなかった命にあふれている。開花前のタンポポは、命の螺旋を描いている。毎日の中にあるたくさんの美しいモノやコト。日々の暮らしの中で、美を発見する目を獲得できると、世界はとたんに魅力であふれていく。「美術」とは、美しいものを美しいと感じる心。美しいと感じるものは身の回りにいっぱいある。そうした身近な〝美〟に着目し、大分県内から石や土、植物、石灰岩など様々な美のカケラを集め、独自の教材ボックスを制作した。絵の具のもとになる鉱物はゆったり、植物は標本瓶にぎっしり詰める。瓶に詰まったタネや、ガラス板に挟まった花や葉っぱが、まるで小さな美術館のように並んでいる。

大分県は鉱山が多い。産出する鉱物は、絵の具として使われたのか。そんなことを思い描きながら「ストーン・ボックス」は制作された。県内の石は地質上、多彩な色をしている。砕いて絵の具のもと、顔料にすれば、様々な色が得られる。例えば、平安建築の一つとして国宝に指定されている、国東半島豊後高田市の富貴寺大堂。大堂の中の壁画に使用されていたと思われる顔料は、退色が進んでしまったが、描かれた当時は多彩で鮮やかだったそうで、大分県立歴史博物館には、その復元模型が展示されている。また、その多くが国宝に指定されている臼杵市の磨崖仏群は、多くの仏像や神像と同様、もともと彩色されていたらしいが、経年変化で、ほとんどの色彩は失われてしまった。しかし1000年程前の色がわずかに残っている。各地を歩き回り、採取した石を砕き、土を篩にかける。カラフルな色彩に、多くの人が目を見張る。足元に転がる石ころが、歴史に登場した色になると想像すると、もはやただの石ころとは思えない。採集した石から、1万色の顔料を作ることを目指している。これは地域の色再発見のアウトリーチ・プログラムとして、小・中学校を中心に、ワークショップを展開している。

「プラント&メディスン・ボックス」に収納されている植物は、染料になる植物、そして生薬・漢方薬が多い。どんな植物も必ず色素を持ち、色を染めることができる。しかし古くから、植物染料として名前が挙がるモノは特定されている。それは生薬。呪術的な意味合いと実際の効用が相まって、飲んでよし、塗ってよしの生薬は植物染料として使われ、染めたものは衣服として、身につけられてきた。そしてトリカブト、ケシ、麻。これらは漢方薬や麻酔薬になるが、使い方を誤れば毒薬にもなる。薬にも毒にも絵の具にもなる、それが植物である。

他にも「炭酸カルシウム・ボックス」「マテリアル&テクニック・ボックス」がある。これらの教材ボックスは、その内容を紹介する講座とともに、収める資料から新たに組み立てるワークショップを開催している。その中心となるのが「大分県から絵の具をつくる」シリーズ。先の地域の石や土から顔料を作るワークショップをはじめ、関サバや関アジの骨や、姫島車えびの殻を蒸し焼きにして、黒い顔料を作ったり、1704年に発見された方法に習い、豊後牛の血から青い顔料プルシャンブルーを作ったり、岩場のイボニシから貝紫を採ったりするのが、それである。これらの色を作るワークショップは、今や一般の大人はもちろん、小学生から未就学児をも虜にしている。それは彼らが、このプログラムから「すげぇ！」を感じるからに他ならない。

身近なところから「すげぇ！」を発見すればするほど「見ること」が楽しくなる。モノを見るのが楽しいと、更に視たくなるのが人の心情。そもそも美術館における鑑賞は、受動的なモノではなく、好奇心と積極性がなければ成り立たない能動的な行為。視ようとしないと見えない、積極性がないと楽しめない。視たい気持ちがあるかが最大のポイント。この気持ちは美術館に来たからといって、いきなり生まれるものではなく、日常生活の中で作られるもの。つまり好奇心が強くなると、視ることが楽しくなり、自ずと美術館に足が向くということである。

美術館へ行くのに、美術の歴史や作家に対する知識、技法や素材に関することなど、何も知らなくても、美術作品を見ることや美術館という場所を楽しむことは、いくらでもできる。子どもたちに、気になる作品や、好きな作品などの感想を聞いてみると「なんとなく。」という答えが多い。「なんとなく。」はその人の全てがジワリと染み出てくるもの。その人が今まで見てきたモノ、感じたモノから生まれてきた感覚は、その人の人生そのものともいえる。「なんとなく。」には理由があるはずだとか、それを深めて考えてみようとか、そんなことを始めたとたんに嫌になる。「なんとなく。」感じた感覚を、追究する必要はない。「なんとなく。」が積み上がり、「なんとなく好き。」が増えれば、視るのが好きになる。そう考えると、美術館へ行くことは、娯楽や息抜きと変わらないのではないか。だって視るのが楽しいから。娯楽や息抜きには、あまり良いイメージを持たない人もいるかもしれないが、それは心の豊かさを保つためにあるのだ。

「美術とは何か？」という本質に戻れば、気軽に美術館に足が向くようなる。美術とは決して特別のモノでも、難しいモノでもない。日常にある身近なモノに目を向け、きれいだなぁ、面白いなぁと感じることは「美術している」ということ。美術とは認識の拡大である。そして情報や知識に頼らず、一人ひとりが自分の視点を持つことで、美術作品と出会ったときに、自分の見方で楽しむことができる。つまり自分なりのモノの見方ができると、モノを見るのが楽しくなり、日常が生き生きとしてくる。それが美術作品に接するのが楽しくなることにつながる。教育普及グループでは、他館では類を見ない活動を展開し、講座を開催している。それは美術とは幅が広く、日常に在るものだから。好奇心が触発され、モノを視るのが楽しくなり、自身の身体と感覚が目覚めていけば、自分で遊びの場としての美術館が楽しめるだろう。

②学校教育の視点から（美術を核とした総合教育に向けて）

木村典之［「地域の色・自分の色」実行委員会副委員長（大分県教育委員会義務教育課指導主事）］

今、求められる資質・能力

２０１６年12月の中央教育審議会答申では、「少子高齢化による生産年齢人口の減少、グローバル化の進展や技術革新により、ここ10～20年程度で、社会構造や雇用環境が大きく変化する」という研究者の予測に基づき、子どもたちの生きる時代を「予測困難な時代」であるとした。そして、このような時代を生きるためには、「解き方があらかじめ定まった問題を効率的に解ける」だけでは不十分であるとし、「直面する様々な変化を柔軟に受け止め」、問題解決に向け、「自分なりに試行錯誤したり、多様な他者と協働したりして、新たな価値を生み出していく」力を身につけること、更には、一人ひとりが、自らの可能性を発揮しながら、自分の未来を切り拓き、より良い社会の創り手となっていけるようにすることが重要であると方向づけた。

これを踏まえ、文部科学省は２０１７年3月に、新しい学習指導要領を公示し、「よりよい学校教育を通じてよりよい社会をつくる」という「社会に開かれた教育課程」の理念を示した。子どもたちを取り巻く環境の変化により、学校の抱える問題は複雑化し、学校の工夫だけでは、これからの時代を「生き抜く力」を育てることが困難になってきたのである。そのため子どもたちに、どのような資質・能力を身につけられるようにするのかを、学校と社会が共有しながら、教育に当たる必要がある、とした。そして、この実現に向けて「主体的・対話的で深い学び」「カリキュラムマネジメント」などを示すとともに、育成を目指す資質・能力として、知識・技能（何を理解しているか・何ができるか）、思考力・判断力・表現力等（理解していること・できることをどう使うか）、学びに向かう力・人間性等（どのように社会・世界と関わり、より良い人生を送るか）の三つの柱に整理し、バランス良く育成していくことを求めたのである。

大分県教育委員会は、２０１６年3月に、こうした国の教育改革の動向や教育を取り巻く時代の趨勢、大分県の教育課題等を踏まえ、今後10年を見通した大分県長期教育計画『教育県大分』創造プラン２０１６」を策定した。この中で「大分県のすべての子どもたちに未来を切り拓く力と意欲を身につけさせること」という基本理念と、その実現に向けて「全国に誇れる教育水準」の達成を掲げた。特に学力については、子どもたちが自己実現を果たす上で必要な力であると考え、２０１０年度から重点方針の一つとして、学校改革や授業改善などに力を入れてきた。その結果、２０１７年度全国学力・学習状況調査では、小学校第6学年において、全ての教科・区分で全国平均を上回り、前年度に引き続き、九州トップレベルを維持した。中学校第3学年においては、平均正答率の合計値が調査開始以来、初めて全国平均を上回った。

細かく見ると、基礎・基本の定着については一定の成果を挙げている。しかし、「思考力・判断力・表現力等」や「学びに向かう力等」には、依然課題がある。これまで学力向上を推進してきた、大分県教育委員会の後藤榮一教育次長は「この九州トップレベルの学力を、全国に誇れる水準まで上げるためには、問題解決力と創造性を伸ばす教育が必要。」という。知識・技能の習得とともに、問題解決的な学習の中で、主体的・対話的で深い学びを実現し、思考力・判断力・表現力等や、学びに向かう力等を伸ばしていくことが、予測困難な時代を乗り越えていく総合力として必要であり、それが、真に高い学力だというのである。

子どもが主体的・協働的に行う、問題解決的な展開の学習の重要性については、国立教育政策研究所『全国学力・学習状況調査』の質問紙と正答率のクロス集計からもうかがえる。例えば、総合的な学習の時間における探究活動と国語や数学などの正答率に相関が見られ、本県においても、総合的な学習の時間に探究活動の充実を図った学校の学力が高いという結果が出ている。このようなことから、県教育委員会では、2017年9月「深い学びを実現する教科等協議会『総合的な学習の時間』」を開催し、本県に必要な改善の方向性として、「育成を目指す資質・能力の整理」「探究的な学習の過程の質的充実」などを示した。教科で習得した知識・技能を活用して、教科横断的に学び、自ら課題を発見し、問題解決を図るといった総合的な学習の時間の改善・充実は、学力、特に「思考力・判断力・表現力等」及び「学びに向かう力等」の向上に向けた方策として期待されている。

一方、「自尊感情」や「学ぶことの意義を実感させること」に課題のある学校もあり、これらの育成も欠かせない。子どもの発達をバランス良く行うという観点からも、子どもたちが自分の存在感を実感しながら学ぶことや、学習指導と心を育てる指導を関連づけて指導することが重要であり、「新大分スタンダード」として示した、授業に必要な「めあて」や「振り返り」をしっかり位置づけ、自覚させていくことが課題であろう。

学校の美術館活用

学習指導要領総則第一章では「資料調査や本物の芸術に触れる鑑賞の活動等の充実」のため、教育活動全般において、地域の図書館や博物館、美術館、劇場や音楽堂等の施設の活用を示している。子どもたちの学習への興味・関心等を喚起し、豊かな心や人間性、教養、創造力等を育む上で、重要だからだろう。

これらの教育施設の中でも、美術館の強みは、地域にゆかりのある美術作品を多く所蔵していること。そのため、郷土の歴史や文化を学ぶことができる。「多様性」の理解などの教育効果も期待できるだろう。また美術鑑賞では、色や形などの情報からイメージを広げ、自他の解釈を融合させながら、自分の考えを組み立てるなど、「創造性」を高める上でも価値があるとされる。そして何より「美しい」「きれい」といった美術体験を充実させることは、その後に出会う事物事象の見方・考え方にも影響することであろう。

しかし、子どもたちにどのような力をつけさせるのかという目的が不明確であれば、こうした施設の活用は、「体験あって学びなし」となる可能性がある。学校教育目標との関連から、育成を目指す資質・能力を明確にし、どのような連携を行うのか、どうすれば効果的に活用できるのかというビジョンが学校には必要となる。

「自分の色」から始まる学びのビジョン

私は、元中学校の美術教師で、教諭時代から「美術授業の充実」のため、美術館を活用する教育に取り組んできた。現在は県教育委員会義務教育課の指導主事が本務（大分県教育センター指導主事併任）だが、縁あって美術館建設を機に、公益財団法人大分県芸術文化スポーツ振興財団及び財団が管理運営している大分県立美術館の教育普及グループにも所属し、「地域の色・自分の色」実行委員会にも所属させていただいている。それぞれのミッションは異なるが、「人材育成」という共通項もある。

いくつかの立場を経験する中で、教諭時代にはつなぎきれなかったことも見えてきた。それは「総合的な学習の時間の充実」のために、美術や美術館を活用できるのではないか、ということである。

このように思うきっかけとなったのが、次節以降に述べる、美術館のプログラム「大分県から絵の具をつくる」を、学校がふるさと学習の入り口などに位置づけ、探究的な学習として実施する取り組みである。美術館の「地域資源をとらえる独創的な視点の提示」により、子どもたちの好奇心が揺さぶられ、学びへの意欲が喚起される。また「自分の色」を作る活動を契機に、自分の個性に気付き、自分の生き方を考えることにもつながる。こういった効果を、育成を目指す資質・能力という視点から整理すると、次のようになる。

・地域で見つけた素材を使い、「色」を作り出す活動では、課題を発見する力（感性・気付き）と、課題を解決していく力（問題解決的思考や創造性）が働く。
・自分自身の手で、一から「自分の色」を表現する活動では、自分の個性を生かし、自分の生き方を考えるとともに、一人ひとりの「色」の違いや生き方の違いを尊重する態度（自尊感情）が働く。
・「ふるさとの美しさ」を発信する活動では、体験から得た情報を整理・分析し、比較したり、類推したりしながら、何が大切なのかを自分の考えとしてまとめる力（論理的思考力）が働く。

また、地域がこの活動に関心を寄せ、学校と一緒になって取り組むことで生まれる効果も感じている。

このようなことから、私は、この「自分の色」から始まる学びを「美術の特性を活用し、『色』という視点から、ふるさとの魅力を探索し、ひいては自分の生き方を考える探究的な学び」と捉えた。そして、この教育は、「ふるさとの色」をテーマに、以下のような内容で構成することができると考える。

①地域の「色」に着目し、見過ごされがちな身近な自然物等を教育資源として再生させること。
②様々な事象や物事に、「美しい」「きれい」などの美意識を働かせること。
③物事の成り立ちに興味を持ち科学的に検証する視点を持つこと。
④体験を通して得られた「なぜ?」から探究的な学びを創造すること。
⑤得られた知識をつなぎ合わせて自分の理解（考え）を組み立てる（創造する）こと。

こうした内容を、学校と地域が共有し、一体となって子どもたちを育てられたら、「主体的・対話的で深い学び」の実現とともに、ものの見方や考え方がより豊かになるのではないか。また、「ふるさとの美しさ」に気付き、それを主体的に伝えていこうとする心が育つのではないか。地域を探究課題に取り上げ、美術館を活用することにより、総合的な学習の時間が教科横断的で探究的な学びとなるよう、引き続き指導していきたい。

3 中間組織としての実行委員会

照山龍治〔「地域の色・自分の色」実行委員会委員長（公益財団法人大分県芸術文化スポーツ振興財団専務理事）〕

①「地域の色・自分の色」実行委員会とは

前節で榎本と木村が述べたように、美術館の教育普及と学校の美術教育は、水と油のように価値観が相いれない面がある。「地域の色・自分の色」実行委員会は、このように価値観の異なる組織や、そこでの取り組みを、「色」というわかりやすいテーマのもとで結びつけ、協働しながら新たな価値を生み出そうとしている。いうなれば、水と油を結びつける界面活性剤と、そこから化学反応を誘発する触媒のような機能を有している組織である。具体的にいえば、大分県立美術館教育普及グループの「県内で顔料を1万色集める。」という地域に目を向けた取り組みと、大分県教育委員会の「一人一色自分の色（長所）を探して、一生持ち続け、自分の原点を大事にする。」という人に目を向けた取り組みを融合させて、学校を核にした地域ぐるみの教育活動に発展させているといったところである。

また、このような機能を維持していくためには、実行委員会の組織活力の維持が必要となる。そのため、実行委員会には、多様な経歴と強い個性を持った人材を集めている。前節で本人が述べたように、多様な肩書を持つ木村指導主事は、その最たるものであろう。そういった面々を実行委員会に集め、それぞれの立場から議論させ、互いの考えをもみ合うことによって、ばらばらの意見が融和していく。その中で化学反応が触発され、新たな価値が生まれる。加えて、多様な経歴を持つメンバーは、それぞれの経験から培った人脈を駆使し、幅広い分野から得た多様な意見を持ち寄る。そこから、新たな視点が生まれることも期待できる。

私たち実行委員会はこのような枠組みの中で、互いに信頼しながら、メンバーそれぞれが持つ個性を大事にし、持てる能力を十分に発揮しながら活動を行ってきた。その軌跡を、ここで振り返ってみたい。

②大分県芸術文化ゾーン創造委員会による答申を受けて

きっかけは、大分県立美術館建設であった。大分県立芸術文化会館が老朽化したため、それに代わる新しい美術館の建設が必要になったのである。このとき、県民から次のような意見が挙がった。「大分県は公共交通機関が整っていない地域もあり、大分市まで来るのが難しい地域が多いのに、大分市に施設ができても、大分市とその周辺にしか恩恵が届かない。」「大分県の施設である以上、県全体を網羅した事業を行ってほしい。」「すぐ近くに大分市美術館があるのだから、似たような施設をもう一つ作ったところで仕方がない。」「美術館と音楽ホール、二つの県立文化施設が向かい合わせにできるのだから、何か新しいことができるのではないか。」

そこで、2012年8月に知事の諮問機関が立ち上がった。以下、その中での議論である。

尾野文俊氏（大分経済同友会常任幹事）「芸術文化の中心拠点として県内全域を引っ張っていく機能を

持ってもらいたい。」「文化的な価値に加え、経済的な価値と社会的価値、この三つの価値を生み出すということが期待される。」「創造的な人材が育つと創造的な産業が伸びるということを念頭においてほしい。」

佐藤禎一氏（元ユネスコ大使。後に公益財団法人大分県芸術文化スポーツ振興財団の理事長に就任し、現在に至る）「教育のあるべき方向は、たくさんものを覚えたということではなく、問題を見つけて解決するという能力を身に着けるという学力観が世界中で標準化されている。学習指導要領では生きる力ということであるが、（美術館は）それを育むには格好の場所。」

小松弥生氏（当時は国立美術館理事兼事務局長。現・埼玉県教育長）「美術分野でも人材育成として、子ども向けの取り組みができるはずである。」「（例えば）教師と美術館が連携して授業を行えば、子どもたちが美術館になじむようになると思う。」

こういった議論を経て出た結論が、県立美術館とｉｉｃｈｉｋｏ総合文化センターを核として「芸術文化を活用した人材育成と地域振興をすべきだ」ということであった。

困ったのは、私である。私が専務理事を務めているｉｉｃｈｉｋｏ総合文化センターを管理運営する財団法人大分県文化スポーツ振興財団（現：当財団の前身。２０１３年度に現在の組織になった）が、県立美術館の管理運営も引き受けることが同時に決まったからである。どうすればいいのか、何をすればいいのか。具体的な答えが見つからず、とにかく手あたり次第に人を訪ねて意見を聞いた。

そして迎えた２０１４年。開館を１年後に控え、体制はほぼ固まり、準備は着々と進んでいたものの、この段階でも「様々な分野の団体と連携しながら芸術文化を活用した人材育成・地域振興」の具体的な姿が見えてこなかった。

③姫島村との連携の始まり

２０１４年5月、本県における防災の学術的指導者である、京都大学教授（地質学）の竹村惠二氏と、地質と色の仕組みについて意見交換を行った。その中で「物の色を材料で理解することは、子どもたちが色彩感覚や美術感覚を磨くために、大変有効な手段だ。」と聞いた。この話から、日本ジオパーク等の地域振興に色という視点を付加すれば、学校を核にした、地域ぐるみの人材育成と地域振興が可能となるのではないかと思い至った。

少し話がわき道にそれるが、日本ジオパークとは、大地やその上に広がる自然、文化を楽しく学ぶことのできる「大地の公園」として、日本ジオパーク委員会に認定された場所のことである。詳細は後で述べるが、大分県が防災計画を見直した際、「防災の第一歩は、ふるさとの地質・地形を知ること。楽しんで学ぶツールとして活用しては?」と本県からの日本ジオパークへの申請を提案したのが、竹村氏であった。このときに日本ジオパークに申請し、登録された市町村の一つが、これからお話しする姫島村である。

同じころ、大分県では知事の「子どもたちを開幕展に招待したい。」という方針を受け、将来の美術館を支える人材の育成を目的に、県立美術館の開館年度に、県下の小学生約6万人全員を招待するという事業を検討していた（第4章2節参照）。市町村長やＰＴＡの意見も踏まえ、私たちは、この招待事業を単なる美術館開館時の動員にはしたくない、将来に続く取り組みのきっかけにしたいと考えた。

転機が訪れたのは7月のこと。県立美術館の職員から「教育普及グループの負担が大きすぎる。なんとかしてほしい。」と言われ、臼杵市（大分市から車で1時間ほどの場所にある海辺の街）でのワークショップを見に行った。そのワークショップでは、片付けから準備まで、全てを県立美術館の職員が当然のようにやっていた。自治体や教育委員会、学校との連携がほとんど見られなかったのである。「芸術文化を活用した地域振興・人材育成」が上滑りしている、これでは招待事業も一過性のイベントになる、と危機感を持った。

以降、豊後大野市の教育委員会を皮切りに、県内の市町村教育委員会を訪ね歩き、連携の糸口を探した。ところが、どこの教育委員会も「いい事業ですね。」「面白い。」「感性教育は大事。」と一般論として賛成してくれるものの、協力体制作りや、継続した取り組みにしたいという具体的な話になると、ほとんどの教育委員会がけんもほろろな対応であった。何しろ教育現場で求められているのは、子どもたちの学力・体力の向上。美術館が入り込む余地はなかった。しかしあるとき「これをやった学校はあるのですか？」という声を、市町村教育委員会から聞くことが多いことに気付いた。そこで、1校でも成功事例を作れば、市町村教育委員会も動いてくれるようになるのではないか、と思い至ったのである。

そこで成功事例の候補地に選んだのが、大分県最北端の離島・姫島村であった。

県立美術館から姫島村に行くのは1日仕事で、車で片道約2時間、加えて1時間に1本の連絡フェリーに20〜30分乗るしかない。それでも、「とにかく一度でいいから、一緒にやってほしい。」と説得するため、私たちは姫島村を訪ねた。メールや電話のやりとりもしながら、姫島村長をはじめ姫島村教育長、校長と議論を重ねた結果、２０１４年10月8・9日に、「姫島まるごとジオ・ミュージアム」と銘打ち、県立美術館の出張授業と住民に向けた講演・意見交換会が開催されたのである（第2章1節参照）。

その約３週間後、高円宮妃久子様が姫島村をご訪問になった。その際、姫島小学校の子どもたちが、石を砕いて絵の具を作った体験（姫島まるごとジオ・ミュージアムの取り組みの一つ）を発表したことが、新聞で報道された。これできっと姫島村はこの取り組みの価値を感じてくれただろう、私たちと一緒に動いてくれるに違いない、と期待した。

ところが、私たちのもとに、姫島村から何の声も届かなかった。やはりだめだったのか。そんな不安に駆られながら、学校や姫島村、村教育委員会からの意向を聞くため、木村指導主事を姫島村に派遣した。そして、帰ってきた木村指導主事から思ってもみなかったことを聞かされた。なんと、村教育長が「取り組みをイベントで終わらせるのはもったいない。年に1回はこうした専門の教育を受けさせたい。そうすれば感性や情操が育つと思う。」と話したということであった。

そして12月7・8日、姫島村で文化庁長官、大分県知事、当財団理事長出席のもと「おおいた姫島黒曜石フォーラム」が開催され、姫島小学校6年生が、ジオ学習の成果発表を行った。その中で、姫島まるごとジオ・ミュージアムの体験にも触れた。続いて行われたシンポジウムでは「地域活動の持続性、継続性を可能にするのは教育」「自分たちの足元にもともとあった地域の宝を更に磨くことで、地域への愛着と誇り、夢を持ち続けることができる」ということが示唆された。

こうした一連の流れを受け、姫島村は、実行委員会が主催する姫島まるごとジオ・ミュージアムを教育課程に位置づけた。そして、小学校1年生が中学校を卒業するまでの約10年間、継続して取り組むことを決定した。この取り組みを理解し、期待感を持ってくれたのだろう。

④教員研修　〜点から面へ〜

姫島村での成功例作りをしている間にも、教育普及グループは小・中学校を中心に、県内各地でワークショップを行っていた。とはいえ、県内には300校以上の小・中学校がある。それに対し、教育普及グループは三人。予算も人も足りない。このままでは広がりに限界が生じる。また、出前授業をどれだけこちらが行っても、学校が継続して活用しなければ、単にイベントで終わってしまう。こうした課題を感じていたころ、ある市教育委員会から「大分県教育センター（県教育委員会の教員研修所）の講座は芸術系の研修がほとんどない。」という話を聞いた。そこで、県教育委員会の研修に、この取り組みを取り入れてもらってはどうか、と思い至った。早速、県教育センターの所長を訪ねた。所長からは「文科省が調査した結果、絵画を鑑賞する子ほど学力が高い。情操教育は大事で、学力とも関連がある。」との好意的な話があり、県教育委員会本庁もなんとか説得できたのだが、県教育センターでの実演と、それに対する指導主事の評価が必要という条件がついた。

2014年9月10日に教育普及グループの榎本グループリーダーが、県教育センターで指導主事等を対象に講演を行った。講演会は所長の「県立美術館との連携は大切。」という挨拶に始まった。内容は「視ることの楽しさを識る」というもの。内容は第4章2節で触れるので、ここでは省略するが、講演終了後には、榎本の講演を聴いた指導主事等が、実物資料を興味深そうに触れたり、匂いを嗅いでみたりする姿が見られた。そうしている間に、突然部長会議が始まった。県立美術館の取り組みを踏まえ、美術を核とした総合教育として、県教育センターが研修に盛り込む旨を確認したのである。その中で教育人事課が「これは県教育委員会の施策、悉皆《しっかい》で行いたい。」という発言もあった。その翌年2015年7月にステップアップ研修（採用2年目の小学校教諭）が悉皆で県立美術館にて実施された。

初回の研修で行った調査で、図工の指導に困っている教師が非常に多いことが明らかになった。その折、目黒区美術館・館長の「知らないことは、子どもたちに説明できない。」という話も思い出した。

⑤教育効果の検証 ～信頼性向上へ～

私たちは取り組みの合間を縫って、引き続き有識者を訪ね、相談をした。そのうちに「ここまでやるのなら、教育効果をきちんと押さえないといけない。」「学習指導要領を変えるつもりでやらないと教育は動かない。」と指摘を受けるようになった。そして、日本学術振興会の科学研究費助成事業について示唆をいただいた。とはいえ、研究機関ではない私たち単独で申請することはできない。そこで、大分県と連携協定を結んでいた大分大学に協力を依頼した。すると「美術館と教育委員会、学校が連携した研究は興味深い。」という反応があった。申請に向け、研究対象として姫島小学校に加え、新たに日田市立津江小学校、佐伯市立宇目緑豊小学校、大分県立盲学校の3校から協力を得ることとなった。大学と当財団の共同研究として申請し、2016年度の研究助成事業に採択された。

この採択に併せて、私たちを核に、当財団に事務局を置く「地域の色・自分の色」実行委員会を立ち上げたのである。「地域の色」とは、地域の特色のこと。「自分の色」とは自分の個性のこと。子どもたちが私たちの取り組みを通し、地域の色と自分の色を探しながら、ふるさとを愛し、成長していってほしいという願いを込めて、この名前をつけた。

元文部科学事務次官で現在は共立女子学園理事長である御手洗康氏からいただいたお言葉を紹介する。

「こういう取り組みが地域ぐるみの教育から地域文化に発展するといい。前大分県知事が一村一品運動をやっていた。これはいい政策だったが、ものづくりが文化にまでつながっていかないと長続きはしない。地域のものづくりに子どもたちが関わることは難しいが、地域の文化には関わりやすい。子どもたちが成長していく中で、地域特性や環境や歴史をふるさとの文化として身に着けていくことは大変大事である。だから、この取り組みが、一村一文化運動まで育つといいな。」

⑥中間組織のもう一つの側面

実行委員会の大きな役割が界面活性剤や触媒の機能であるということは、先に述べたとおりだが、この機能は、実践校における授業作り等においても働いている。学校にはそれぞれの事情（課題）がある。学力向上にまい進しなければならない、総合的な学習の時間がうまく回せない、など。また、図工の時間に絵をうまく描かせるにはどうしたらいいのか、どう鑑賞させたらいいのか、評価をどうつければいいのか、という教師の悩みも届けられる。こうした悩みに対して、アイデアの提供や、教材の貸し出しをしたり、ときには一緒にプログラムを考えたり、外部講師を招聘したり、様々な支援をしているのも、実行委員会の一つの姿である。

⑦成長する中間組織

中間組織としての実行委員会は、様々な有識者の考えを取り入れる形で、成長していった。表1－1に挙げたのは、ほんの一部である。私たちはこれまで、教育の専門家や美術館の関係者はもちろん、行政や研究者、科学博物館の関係者など、分野を問わず、数えきれないほど多くの方々にお会いし、相談した。そういった方々のお知恵を結集し、学校教育に落とし込んでいくのが、私たちの使命であると考えている。

このような有識者の考えを、組織的かつ継続的に取り入れるため、有識者会議として、関係機関連携推進協議会（代表顧問：佐藤禎一）を、実行委員会の中に置いた。

⑧有識者会議（関係機関連携推進協議会）による評価

実行委員会は、年度当初と年度末の年2回外部評価を行っている。具体的には、実践校から取り組み状況の報告を行い、連携推進協議会からの指導、助言を求め、次年度以降の改善に努めている。その中で出された発言の一部が、表1－2である。このような教育委員会をはじめとする、関係者の意見を踏まえ、常に私たちの取り組みを見直し、教育委員会や学校が活用できる仕組み作りを心がけていく。

表1-1　有識者の意見

文部科学省 関係者	「これは日本の社会力、国力を上げることにつながる」「地域が変わるかもしれない」「首長さんの理解があるからすばらしい」「国主導ではなく、県レベルで自分たちの資源を最大限に活用して動いている」「感性はもっと取り上げていくべきだと思う」 「各地域でオリジナルな人材育成を行ってほしい」 「地域の人のサポート。地域の人がもっと入り込むとよい」 「『社会に開かれた教育課程』、それは、どういう子どもたちを育てたいのかということを、地域社会と共有するところから始まる」
国立大学大学院 教授	「地域の人材育成につながる視点（地域の発見、現場の教師が地域の人材育成につながる視点）で取り組むと良い」「地域を忘れない教育が大事」「自分の色を個性と捉えて、取り組みの中で、表現を記録することが重要」「美術館と日々の授業がもっとつながると良い」「探究型の学習をキチっとやって、本気で子どもが取り組むようになれば、学力が上がる」「先生も元気になり、みんながいいと思ったら、教育は良くなっていく」
地方公共団体 関係者	「地域のもので顔料を作って絵を描くといった取り組みは、地域にとって貴重」「県全体の歴史文化の底上げとか、魅力を発見させるようなことを考えるべき」
公立博物館 関係者	「美術館がどう地域の子どもたちと距離を縮めていくのか、それが地域とどう連動していくのか。美術館と地域を、うまくつなぐことができる取り組みだと思う」 「楽しむところが出てくると面白い」 「（こういう取り組みに効果は）すぐに出ないが、長く続けるべき。続けられたら、おじいちゃんおばあちゃんも一緒に見に来るようになる」「（教育との連携は）すぐに収入増にはつながらないけれど、大分の美術館を誇りに思うようになる」 「郷土愛というのは強制して生まれるものではない。なんとなく都会がいいなと思うから都会に出てしまう。何がいいものなのかは、自分でもっと深く考えなければいけないと思う」
民間財団 関係者	「感性教育は世界中で関心を持たれている。文科省が科学教育でSTEAMというものを出している。要は、サイエンスの中にアートのセンスが必要だということ。感性とサイエンスをどう結びつけるか、世界中で興味があるところ」

表1-2　関係機関連携推進協議会での発言（一部抜粋）

平成29年2月16日（於：iichiko総合文化センター4階　中会議室1）
「各教科は教科なりの目標がある」「ある教科とある教科で学んだ知識を組み合わせて、どのような力を身につけるのか」「最終的に、気付きとかで、ゴールにするのか。そして将来的に、ここで学んだ学習活動がどのように役に立つのかということも念頭に置く必要がある」 「色を通して実際に高まっているのは、ふるさとへの思いなのでは、ということを強く感じている」 「ふるさとに対する思いとか、『宇目色って何色だろう？』とか、気付きや学びが深まっていったり、対話が深まっていく取り組みになっているのではないか」 「ふるさとの色を探そうという体験を通して思いが深まり、思いが意欲につながり、主体性が高まり、学びとなっていくというようなサイクルが流れていっているのではないか」 「一問一答の問題が解けたら、それで定着したと考えていない。その知識が他のところに転移したとき、別の課題に直面したときに、その知識を使って、解決をできたときに、初めて定着したと考える」 「知識が転移したときに、知識が定着したといえる」「ある教科の2年生で学んだ知識と4年で学んだ知識を併せるとこの問題が解ける、とか。そのような仕掛けがあると、本物の知識として一生ものの知識となっていく」 「全盲の方が、色はわからないけれども、ベートーヴェンの田園という音楽を聴いたときに、初めてこの世に色があると自分の中で想像ができたという話がある」 「協働の意識を学校自身、教職員が持って取り組むことや、地域にしっかり地に足をつけた協働が大事」「この取り組みの中で、地域の人材の活用も検討してほしい」
平成29年7月16日（於：iichiko総合文化センター4階　中会議室1）
「能力のストレッチは、体と同じように必要なことだ」「教科横断型の学習や、融合型の探究学習は、非常に大事」「各学校ごとに児童生徒の実態を把握しながら、カリキュラムを作っていくことが大事」「体験をさせ、その体験をいかに経験に持っていくか。体験を経験に、いかに変えていくかが、非常に大事」「体験した後に考えさせる、思考させることが経験につながっていく」「インプットしたことをアウトプットさせることが大事」

結び

「地域の色・自分の色」のコンセプトは、実行委員会の中で活動を通して生み出されてきたキーワードであり、メッセージである。「地域の色」を見つけるとは、地域振興であり、「自分の色」を見つけるとは、人材育成である。このコンセプトを常に念頭に置き、実行委員会は界面活性剤であり、触媒であり続けたいと思う。主役はあくまで地域であり、学校であることを忘れずに取り組むことが必要である。その一方で、組織の活性化も忘れてはならない。常に外からの情報を積極的に取り入れ、活発な議論をし、風通しの良い支援組織として取り組みを推進していきたい。

2

姫島村から始まる教育イノベーションプロジェクト

1 色に関わる3年間の取り組みの実践

木村典之［「地域の色・自分の色」実行委員会副委員長］

①姫島村について

私たちの取り組みが２０１４年度に姫島村で始まったことは先に述べたとおりである。ここで少し、姫島村についてお話ししておきたいと思う。

姫島村は、国東半島の北側、周防灘に浮かぶ大分県最北端の離島である。姫島村の公式ＨＰによると、村の総面積は約7平方キロメートル、人口は約2千人、主な産業は漁業で、特産品は車えびやカレイ、タコなどの魚介類。毎年行われる姫島車えび祭りや姫島かれい祭りでは、村外から多くのお客さんがやってきて、姫島村の海の幸に舌鼓を打っている。姫島村といえば、忘れてはならないのが「きつね踊り」。上下白の衣装を着て、顔に独特な化粧を施し、頬かむりをしてキツネに扮した子どもたちが、和傘を片手に「おらさ!-」と愛らしく踊る姿を、テレビや雑誌で見たことはないだろうか？　きつね踊りを含む、姫島盆踊りは、地域の伝統行事として、大変重要な位置を占めている。

姫島村は、約30万年前以降の火山活動によって生まれた四つの小島が、砂洲でつながって島となった土地である。そのため、姫島村の各地で、火山活動の跡や、独特な地質・地形、生態系を目にすることができる。姫島村の中央部にある観音崎周辺は、黒曜石の産地として天然記念物に指定されている。ちなみに、ここで産出される黒曜石は、他のところで産出されるものより灰色や乳白色に近いことが特徴である。太古の昔には多くの場所で姫島村産の黒曜石が使われていたらしく、県内外で姫島村の黒曜石が出土されているそうだ。

先に述べたとおり、姫島村は島全体が日本ジオパークに認定されている。この豊かな自然と特異な地質・地形を観光資源に生かすことはもちろん、住民の防災教育にも役立てたいとの思いから申請したのであった。このことについては、第5章1節に述べるので、ここでは省略する。

姫島村の子どもは、1学年につき約10名程度。姫島村に一つずつの保育園や幼稚園、小学校や中学校に通っている。全国共通の課題である学力向上はもちろんのこと、教育現場には小規模校ならではの課題があった。子どもの数が少ないために、小・中学校どちらにも、美術教育を専門とする教師が長年不在で、本物の美術教育を受ける機会が決して多くない。姫島村は県内にいくつかある、公共交通機関の整っていない地域の一つであり、大分県立美術館はもちろんのこと、県内のどこの美術館に行くのも遠く、本物の美術に出会う機会がきわめて少ない。また、姫島村には高校以上の教育機関がなく、高校進学のために姫島村を離れた子どもが、それに続く大学進学や就職を機に、村の外に生活圏を完全に移してしまうことが多い。このことが、姫島村最大の悩みである人口減少の理由の一つになっている。そのため姫島小・中学校には、子どもたちの姫島村への愛着を深めるための学習が、村民から求められている。日本ジオパーク申請をきっかけに始まった「ジオ学習（日本ジオパークであることを生かし、姫島村の自然などを学ぶ）」や、2015年度から小・中学校に教育課程の特例として「ふるさと科」が新設されたことが、その一例として挙げられるだろう。

②姫島まるごとジオ・ミュージアムのプログラムについて（２０１４年度から２０１７年度）

姫島まるごとジオ・ミュージアムでは、県立美術館教育普及グループが行っているワークショップの中でも、身体を動かすプログラムと「姫島色」をつくるプログラムの二つを行っている。

身体を動かすプログラム

身体を動かすプログラムは身体を大きく動かして、全身で素材に触れて「色」や「形」などを楽しみながら、感覚を刺激するためのプログラム。姫島まるごとジオ・ミュージアムでは、主に小学校低学年を対象に、高学年以降での『姫島色』をつくるプログラム」を念頭に置いて行っている。身体を動かして、楽しいことに夢中になっていると、人の心は開放的な気分になる。その感覚はものを新鮮な目で見るときの基盤となるのである。

３年間で行ったのは「布と戯れる　～ふわふわ、もこもこの気持ち～」「積むぞ、我らの姫島砦」（２０１４年度）、「いろいろたっぷり　カラフルインスタレーション」（２０１５年度）、「影をつかまえろっ！　日光写真の楽しみ方」（２０１６年度）の四つ。そのうち「積むぞ、我らの姫島砦」を紹介する。

「積むぞ、我らの姫島砦」

学校から徒歩10分のところにある達磨山の下に広がる海岸で行ったプログラム。

海岸を埋め尽くす色とりどりの石と、流木などの漂流物を使って遊ぶ。初めのうちは、バランスをとりながら、石を高く積み上げていく積み石遊び。シンプルな遊びだけれど、これがなかなか難しい。しかし中には、複雑な積み方を思いつく子どももいた。そのうちに石だけでは物足りなくなって、漂流物も使いはじめる。構造がより複雑になっていく。それが面白く、どんどんいろいろなものを集めはじめる。平面的に広げていくことに飽きた子どもたちは、立体的に作りはじめる。立派な姫島砦（モニュメント）ができていく。それを見ていた他の子どもたちも、負けるものかと大きな姫島砦を作りはじめる。その近くでは、脇目もふらずに、ひたすら小さな世界で遊んでいる子どももいる。みんな、自然物・人工物の色を上手に利用している。「みて！　できたよ！」うまくできた子どもたちは、得意げな表情。活動後、少し離れたところから、それらを見ると海の美術館。モニュメントと海と空がつながっているような、すてきな光景だった。

「姫島色」をつくるプログラム

小学校高学年と中学生は、小学校低学年で育てた豊かな感性を持って、「姫島色」をつくるプログラムを行う。これは姫島村で採取した素材を使って、顔料や染料を作り「姫島の色」を感じる美術体験である。

3年間で行ったプログラムは「姫島色をつくるⅠ　～ザ・ピグメント　絵の具は石でできている？～」「姫島色をつくるⅡ　～いのちの色・植物～」「姫島色をつくるⅢ　～墨に五彩あり？　車えびシェルブラック～」の三つ。各プログラムは、次のように行われた。なお、図で使用している写真は、姫島小学校が保護者の使用許可をとったものである。

「姫島色をつくるⅠ　～ザ・ピグメント　絵の具は石でできている?～」

姫島村の中で見つけた石を使って、顔料（絵の具のもとになる粉。ピグメント）を作るプログラム。2014年度は、子どもたちと先述の達磨山下の海岸で、材料となる石を探すところからスタートした。

このプログラムの面白いところは、目の前で石の形・大きさが変わり、それに伴って、色が変わることである。一人ひとりが自分の視点で集めた石は色も形も様々。ハンマーで砕くと、少しずつ小さくなる。茶こしを通すと、だいたい同じ大きさの粒子が揃う。それを乳鉢で擦る。ゴリゴリ、カリカリという音が、シャリシャリという音に変わってくる。次は紗幕という、編み目の細かい特別な布でこす。細かい網目を通過した粒子は、息を吹けば舞い上がるほど細かい。紗幕を外した瞬間、歓声があがる。紗幕を通ったものとそうでないものは、同じ石からできていると思えないほど、色が違う。どうやら粒の大きさが関係しているらしい。理科の教師によると、粒子が細かく、乱反射が大きくなっているとのこと。こうして、できあがった顔料は、展色剤（接着成分）を混ぜて絵の具にし、実際に絵を描いた。

「姫島色をつくるⅡ　～いのちの色・植物～」

学校の周りに生えている雑草を使って、染料（通称：雑草ブレンド）を作り、絹布を染めるプログラム。花びら、茎、根、実など、何をどれくらい使うかは自由。けれど、どんな色ができるかは予測不可能。子どもたちはきれいな色を作ろうと必死に考える。花びらをたくさん入れる班もあれば、ドクダミをたくさん入れる班も。媒染は鉄、アルミニウムの他に、姫島村に昔からある湧き水で、温泉水としても親しまれている拍子水も使用。このプログラムの面白さは、この媒染にあるのかもしれない。雑草による染液に浸

表2-1　2014年度
「姫島色をつくるⅠ ～ザ・ピグメント　絵の具は石で出来ている？～」

①材料になる石を探す（2時間）
材料となる石を探す。
時間の最後に、集めた石を並べて、見比べる。

②顔料にする（2時間）
石をハンマーで砕き、茶こしで篩にかける。
粉状になった石を乳鉢で擦って、紗幕でこして、更に細かくして顔料にする。
できあがった顔料を並べて、見比べる。

③絵の具にして、絵を描く（2時間）
顔料に展色剤（接着成分）を混ぜて、絵の具にする。できあがった絵の具で、絵を描く。絵を並べて、見比べる。授業の最後に、まとめのレクチャーを行う。

表2-2　2015年度
「姫島色をつくるⅡ　～いのちの色・植物～」

①材料になる植物を探す（1時間）
材料となる植物を探して、採取する。
採取した植物を、小さくちぎる。手でちぎれない部分は、はさみを使う。

②植物から染液を取り出して、布を染める（1時間）
細かくちぎった植物を、水の入った鍋に入れて染液を煮出す。
煮出した汁を不織布でこしてとる。染液に、布を浸して染める。

③媒染する（2時間）
一度染液につけて薄く染まった布を、媒染剤を使って媒染する。
媒染の有無や、媒染剤の種類による色の差を見比べる。

けただけだと、布は枯葉や枯草のような色になる。しかし、媒染剤につけたとたん、黄色へ、深緑色へと、目の前で色が変化する。これは鉄やアルミニウムなどの金属イオンにより発色しているらしい。地元産の拍子水はどう発色するのか？　拍子水の湧口は、赤褐色をしている。赤褐色ということは鉄？　だったら鉄と同じような変化になるのか？　実際にやってみると、薄い栗色のような色になった。染液に浸ける回数によっても、色は微妙に違う。無媒染も含めて各班4色、6班で24色の色を作った。

「姫島色をつくるⅢ　〜墨に五彩あり？　車えびシェルブラック〜」

姫島村の特産品〝車えび〟の殻を蒸し焼きにして炭を作り、その炭から黒色の顔料を作るプログラム。車えびの殻は、あらかじめ村の皆さんが準備してくれた。子どもたちの給食や、車えび祭りなどの行事のときに出る車えびの殻をいただけるように、村教育委員会が依頼してくださったのである。私たちの手元に来たときには、車えびの殻は漁業用の干し網の中で、カラカラに乾燥された状態。ちょっと見ただけだと、何なのかわからない。でも、よく見ると、特徴的な縞模様が見える。子どもたちにとって、車えびの殻は捨てる部位。「これでいったいどうするの？」という表情。手順をレクチャーしてもらい、缶に入れて蒸し焼きにすると、香ばしい匂いがする。しかし、だんだんと匂いは変わり、大半の子どもは「くさい！」と言って逃げていく（でもすぐに戻ってくる）。焼成時間は20分程度。フタをあけると、炭になった車えびの殻。翌日、乳鉢に入れて、みんなでゴリゴリすりつぶす。匂いは気になるが、あっという間に砕けて、粉状に。よく見ると、キラキラしているところもある。それに気付いた子どもたちの小さな瞳もキラキラ輝く。普通の黒とは違う黒のできあがりである。

表2-3　2016年度
「姫島色をつくるⅢ　～墨に五彩あり？　車えびシェルブラック～」

①車えびの殻を炭にする（2時間） よく乾いた車えびの殻を缶に入れ、火にかけて蒸し焼きにし、炭にする。 色の比較のため、松脂やサラダ油を燃やして、煤を作る。	
②炭を顔料にする（0.5時間） 炭を乳鉢に入れてすりつぶし、顔料を作る。	
③顔料を絵の具にして、絵を描く（1.5時間） 顔料に展色剤を混ぜて絵の具にし、班ごとに絵を描く。 授業の最後に、班ごとに作った顔料や煤を並べ、色を比べる。	

松脂やサラダ油からも煤を採取し、子どもたちは微妙な色の違いを感じていた。展色剤として、膠を混ぜて絵の具にし「黒色で白いものを描く」をテーマに、絵を描いた。

③中学生向けプログラムについて

中学生も毎年、姫島色をつくるプログラムを全校で行っている。小学校の半分の授業時数で行うため、材料は事前に用意するなど工夫をしている。また、地域の文化財についての話をするなど、小学生よりも踏み込んだ内容のレクチャーを行うことで、より深い文化理解を目指している。例えば、大分県の文化財である石仏、神社仏閣などと色の関係について説明する。中には、赤や青がなかなか作れないことに疑問を持つ生徒がいるので、その好奇心にこたえるために、青の材料（アズライト、ラピスラズリ）、赤の材料（辰砂）などを見せる。生徒は本物の青や赤の鉱物を目の当たりにして「きれい！」「うわぁ！」と見とれてしまう。足元の自然から、本県の文化財、そして世界で採取される貴重な絵の具の原料へと視点を広げ、最後には本物を見せることによって、全ての体験が心に深く刻まれるのである。

④保護者・教師・地域住民向け「夜のお話会」

こうした取り組みを、学校を中心としながら、姫島村全体で支えてほしい。こうした思いから、「地域の色・自分の色」実行委員会は、毎年やり方を少しずつ変えながら、保護者や教師、地域の皆さんとの意見交換の場を設けている。

「姫島の色・大分の色」をテーマにした２０１４年度は、村長、村教育長をはじめ、約80名程度の住民の方にご参加いただいた。姫島村の石で作った子どもたちの顔料も会場に展示。鉱物だけでなく、姫島村の植物で染めた布も紹介した。色の豊かさ、姫島村の美しさを共有する時間となった。

参加者から「姫島の石を使った絵の具。子どもたちは楽しめたと思いました。」「知識として知っていることと、実際にやってみることは違う。子どもたちが今日、色作りを体験できたことは、一生忘れられない財産になったと思う。」「違った視点から姫島を見る点が意外だった。」「美術を通して姫島村の美しさを再認識できた。」と、子どもたちの喜びや実体験、また自分自身の見方の変化についてのコメントをいただいた。

また、当日行ったアンケートによると、子どもたちが自分の色を作ることについて、参加者全員が「よい」と答えた。また、子どもたちのふるさと学習に、こうした取り組みが生きる、という方は、91パーセント、姫島村（教育委員会）、大分県（県教育委員会）、実行委員会（公益財団法人大分県芸術文化スポーツ振興財団・県立美術館）の三者が連携し共同で取り組むことについては、「今後も行ってほしい」という方が99パーセントとなった。

姫島まるごとジオ・ミュージアムが、地域の魅力を再発見する活動として、受け入れられたのである。

2 子どもたちの学びと育ち

木村典之［「地域の色・自分の色」実行委員会副委員長］

ここまでに紹介したプログラムを4年間行い、子どもたちにも様々な変化が見られるようになった。ここでは具体的な子どもたちの様子を紹介する。

①成長する子どもたち

このプログラムを通じて、子どもたちはいろいろな発見をしている。石などの自然が生み出したものから絵の具を作ることができること、同じ染料を使っても媒染剤次第で発色が変わってくること、おいしい車えびの殻を蒸し焼きにするとびっくりするぐらいくさくなるけれど、キラキラしたきれいな黒色の顔料ができること、など。

姫島まるごとジオ・ミュージアムを通して、子どもたちに一番見られる成長が、美しいものに感動したり、コミュニケーションが活発になったりするなどの、心の成長である。

自己主張が苦手だった子どもが、この取り組みを3年間経験し、やりたいことを誰よりも先に言えるようになった。自分の思うような色を作りたくて、周りが見えなくなってしまった子どもが、翌年には下級生の面倒を見られるようになった。普段は大人しい子どもが、夢中になって全身を動かしていた。思春期に差し掛かった中学生が、ワークショップの講師の実演を食い入るように見ていた。蒸し焼きにされて炭になった車えびの殻を、小学生も中学生も興味津々で触っていた、など。以下に三人の子どもの様子を紹介する（以降登場する子どもの名前は全て仮名である）。

はるとさんの場合

はるとさんは、姫島色をつくるプログラム「姫島色をつくるⅡ　～いのちの色・植物～」を小学校４年生のときに体験した。黒っぽく染めあがった布を乾かすために手に持っていると、教師から「こっちにおいで。色を比べてごらん。」と声をかけられ、近くにいた上級生の、やはり黒っぽく染まった布と見比べるよう促された。すると、はるとさんは「同じ色だね。」と言い、教師が「こっちは真っ黒だけど、こっちはちょっと緑だよ。」と見比べるヒントを与えても、特に見比べることなく、離れていってしまった。違いに気付くことができず、関心が持てなかったのであろう。翌年「姫島色をつくるⅢ　～墨に五彩あり？　車えびシエルブラック～」では、楽しみながらも真剣に絵を描く姿が見られた。そして、活動後の感想には「黒色でもいろいろな色があってすごかった。」と書いていた。車えびの殻でできた黒、松脂やサラダ油の煤からできた黒の違いを感じ取ったのであろう。とても嬉しい出来事である。

さくらさんの場合

さくらさんは小学校４年生のときに「姫島色をつくるⅡ　～いのちの色・植物～」を体験した。「姫島色をつくる」体験が初めてだったからか、同じ班の上級生の隣で、植物が染料になっていく様子をじっと不思議そうに眺めていた。翌年、5年生になったさくらさんは「姫島色をつくるⅢ　～墨に五彩あり？車えびシェルブラック～」を体験した。前年度よりも積極的に、前のめりで観察していた。炭になった車えびの殻を、キラキラした瞳で見ている彼女の姿が印象に残っている。さくらさんはこのときの感想を「えびをつぶして絵の具をつくるところがたのしかったし、絵をかくのもたのしかった。」「むしたあと、てかてかきらきらしていて、とてもすごかったです。」「えびはさいしょはおれんじみたいな色だったけど、黒になって、炭みたいになったのですごかったです。」と書いた。文面から、彼女の感動した様子がうかがえる。そして、今後やってみたいこととして「今まで石をつぶしていたし、植物から色をだしてぬのに色をつけたから、次は植物の色で絵をかいてみたいです。」と述べた。身近なものを使って、絵の具を作る楽しさを実感したのだろう。また、この知識を使えば別の素材でも絵の具ができるのではないかという、転用の可能性を考えるに至っていると思われる。

ゆいさんの場合

ゆいさんは小学校4年生のときに、「姫島色をつくるⅡ　～いのちの色・植物～」を経験した。上級生に交じって、ときにはアドバイスを受けながら、一生懸命活動を行っていた。ゆいさんについて印象的だったのは、とにかく匂いを気にするところである。植物を採取しているときは、採取した植物を入れている袋の匂いを気にしていた。植物を煮出して染料を作っているときなども、とにかく匂いやその変化、他の班との差を次々に発見していた。しかし、色に対するゆいさんの発言をあまり聞くことはできなかった。ところが翌年の「姫島色をつくるⅢ　～墨に五彩あり？　車えびシェルブラック～」終了後の彼女の感想には「くさいけど、いい色になっていた。」「けっこうくさいけれど、きらきらして、かんたんにぼろぼろになった。」「いろいろな黒をしれたし、こなをまぜたり、小さくするのがおもしろかった。」「姫島のしぜんの色をつくってみたい（石、山のはっぱ、うみの水）。」という言葉を見ることができた。体験を重ねることで視野が広がり、活動に対する意欲が高まっていることがわかる。

②3年間を追って　～ゆうとさんの場合～

ゆうとさんの3年間を、大分県立美術館教育普及グループが撮影した、姫島まるごとジオ・ミュージアムの記録映像をもとに振り返る。なお表の文中において、便宜的に、ゆうとさんをS1、他の子どもをS2、小学校の教師をT1、県立美術館スタッフをT2とする。また、各場面でどのような資質・能力が働いているかを判断する。判断は、次に示す別表「育成すべき資質・能力の整理表」に従って行う。この表は、中央教育審議会教育課程部会芸術ワーキンググループ（2016年7月19日）資料「小・中・高を通じ、図画工作科、美術科芸術科（美術、工芸）において育成すべき資質・能力の整理」（案）を参考に作成したものである。

小学校4年生（2014年度）

ゆうとさんは小学校4年生のときに私たちと出会い、「姫島色をつくるⅠ　～ザ・ピグメント　絵の具は石で出来ている?～」を体験した。ゆうとさんは色や形、模様などが面白い石を見つけることより、石

表2-4　育成すべき資質・能力の整理表

A：知識・技能（教科に固有の知識やスキル）	a：知識	①発想や構想する際に活用する知識 ②表現方法や用具の扱いなど、技能を働かせる際に活用する知識 ③作品などの良さや美しさなどを感じ取る際に活用する知識
	b：創造的な技能	①思いついた活動や、表したいことに合わせて材料や用具の特徴を生かして使い、創造的に表す技能 ②思いついた活動や、表したいことに併せて、表し方を工夫し、創造的に表す技能 ③前学年までの材料や用具などについての経験を生かして、創造的に作る技能
B：思考・判断・能力（教科の本質に根差した見方・考え方）	a：表現	①色作りや色を見ることをきっかけとして、造形的な活動を思いついたり、表したいことを見つけたりする ②感性や創造力、手や体全体の感覚などを働かせて、形や色、材料などを操作しながら創造的に思考・判断し、表し方を工夫する
	b：鑑賞	①手や身体全体の感覚を働かせて、色を捉える ②複数の色を比較し、色の差異から、色の特徴を捉える ③画材としての質感や発色などの視点を持って、色材を捉える ④素材や色材、作品などから見たことについて話しながら、創造的に思考・判断し、良さや美しさなどを感じ取る
C：学びに向かう力（人間性）	①色や素材への関心、積極的に関わる態度 ②自分のイメージにあった色を作り出そうとする意欲 ③素材が色材に生まれ変わることへの喜び ④色に対する解釈の多様性を理解しようとする態度 ⑤色の持つ意味や役割などを積極的に活用しようとする態度 ⑥色という視点から、人や社会と関わる態度 ⑦地域の自然、歴史・文化への関心 ⑧美的なものへの憧れ	

を積み上げて遊ぶのが楽しいようで、最初に何個か石を拾った後「（石は）また後で拾うの」と言い、大半の時間、友達と石を積み上げて遊んでいた。美術館学芸員からの声かけに対しても、反応はするが色への関心は十分とはいえない状態である。ジオ学習の成果もあって「黒曜石」「火山」という言葉は出てくるが、知識はまだ断片的である。最後に拾った石も「大きいから。」という理由であった。

表2-5　2014年度の様子

2014年度の様子	心が育まれる場面	資質・能力
	・友達と一緒に石を積んで遊ぶ。 ・「見て」と先生に声をかける。 ・S1「石は1個もう拾った。また後で拾うの。」と言いながら、また石を積みはじめる。 ・S1「あ、黒曜石。」とつぶやく。	C⑦
	・T2「これは蘭鉄鋼かもしれないよ。持っておいたら？」 S1石を、受け取る。 ・S1「姫島には火山が～」と話しはじめる。 ・S1「てきとうにさ、こうやってさ！」と足元の石を両手で掬い上げる。	C⑦
	・S1　足元の石に注目する。 ・T2「その石は真っ黒だね。何色になるかな？」 S1「何色になるかな？」 ・S1「うわ、こんなところにもすごい石が！しましま。」 ・S1「何これ、変な石ばっかり。持っておこう、大きいから。」	C①

表2-6　2015年度の様子

2015年度の様子	心が育まれる場面	資質・能力
	・班ごとに使いたい植物を選ぶ。 ・S1　黄色い花を見つける。 ・S1「これって、朝顔と同じようになる？」 T2「どうかな？」	C① Ba①
	・S1　植物の煮汁から染料を取り出す様子を近くで、じっと見ている（触りたそうな様子）。 ・T1「だめだよ」 S1　「俺の手を染めようかな」とつぶやく。こっそり染料を指で触る。	C① C①
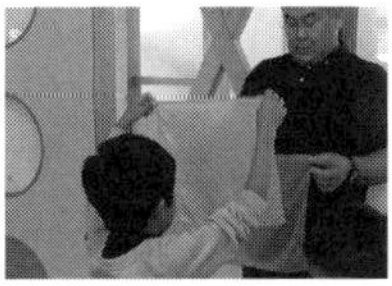	・S1　染めた布を上級生と見比べている友達の様子に気付く。 ・S1　先生の持っている布の色と、自分の布の色を見比べる。	Bb②

小学校5年生（2015年度）

翌年、ゆうとさんは5年生になり「姫島色をつくるⅡ　～いのちの色・姫島～」を体験した。班の仲間と植物採取をしているとき「あの黄緑色の、とって。」と私たちに話しかけたり、「松をとってこようかな。」とつぶやいたり、どこからかきれいなコスモスを見つけて来たりして非常に楽しそうであった。表2－6では、植物採取時の主体性が、持続していることがわかる。4年生のときは色への関心が薄く、大人からの声かけが必要だったゆうとさんが、5年生になると、染色に必要な色を自分で探すようになった。「朝顔（で作る色水）みたいになる?」という言葉は、次の活動のヒントを思いついたのであろう。これまでに体験した色水作りと、県立美術館のプログラムである染料作りを結びつけた点が注目に値する。

小学校6年生（2016年度）

最上級生の6年生になって行った「姫島色をつくるⅢ　～墨に五彩あり?　車えびシェルブラック～」。車えびの黒色との比較のために、サラダ油や松脂を燃やしながら煤を採取した。このとき、同じ班の子どもの様子や、煤がたまっていく様子をじっと注意深く観察し、煤を集めるカップと火の距離を細かく調整していた。短時間で煤を集めるための条件を探っていたのだろう。また、顔料を絵の具にして、絵を描く段階では、同じグループの同級生、あかりさんの動きを見ながら、あかりさんが下級生に指示を出している間に、自分は絵の具を作ったりして、グループの中での自分の役割を考えて行動する様子も見られた。顔料作りが終わるころには、色の変化にも敏感になっていたようで、顔料と展色剤を混ぜながら「恐ろしいまでに濃いな。」とつぶやいた。粉末状（乾燥した状態）の色と、膠（展色剤）を入れて、絵の具にしたと

表2-7　2016年度の様子

2016年度の様子	心が育まれる場面	資質・能力
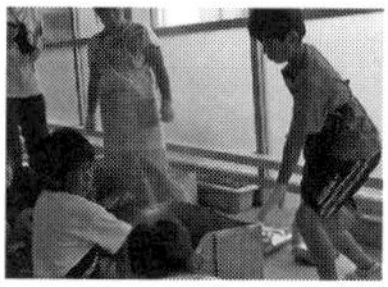	・T2 火が消えてしまったので火をつける。 S1「薄っすら黒くなっているよ」と、皿の様子を伝える。 ・S1　囲いの位置を気にする。 ・S1　舞い上がる煤や熱風に耐え、囲いを支える。 ・S1「俺の服が黒くなっている」とつぶやく。	C① Bb① Aa② Bb①
	・S1　炭を乳鉢で擦って、細かくする。 ・T1「上手だね」T2「いい感じだよ」と声をかける。 ・S1　黙々と作業をする。	C③
	・S2　他の子どもと一緒に、使う筆を選んでいる。 S1　「もう混ぜてもいいかな」と声をかけ、顔料と展色剤を混ぜようとする。 ・S1　できあがった絵の具を見て「恐ろしいまでに濃いな」とつぶやく。	C① Bb② Bb③

きの色（濡れた状態）の違いを、確実に捉えている。しかも「恐ろしいまでに」という感情を伴った、色彩の形容をしており、言語感覚の鋭さを感じる。ちなみに、このプログラムに対するゆうとさんの感想には「姫島の物だけで色を作るのでワクワクした」「姫島の車えびは食べるだけではなく、作ったりもできる」「車えびのからをむだにしないのは良いと思った」という言葉が書かれていた。故郷に向けられる温かいまなざしも感じられる。

ゆうとさんは翌年、姫島中学校に入学し、4回目の姫島まるごとジオ・ミュージアムに参加した。この年、中学生は「姫島色をつくるⅣ　～きっちりやります！　油絵の具の作り方～」を行った。中学生には、石を砕くところから始めるか、初めから砕かれた石を使って始めるかを選ばせた。ゆうとさんは、石を砕くところから始めた。ゆうとさんの書いたはがき新聞（はがき新聞については次節で述べる）によると、一つの石を一度目はヒビが入る程度の強さで叩いて、二度目はもっと強く叩くという工夫をしたという。はがき新聞によると「くだきがいあり！」とのこと。ゆうとさんはこの絵の具で、姫島村のマークを描いた。

ゆうとさんの、ふるさと姫島村への思いは、年々深まっているようである。

結び

ゆうとさんの3年間の取り組み（表2－5～7）の資質・能力について考察する。

まず、3年間を通じて常に働いているのは「学びに向かう力」である。特に色や素材に積極的に関わろうとする姿が継続的に見られる。エピソードによる分析と併せて見ると、教材の魅力、特に地域の資源を思いがけない方向から捉える視点が、学びに向かう力を形成していると思われる。

5年生、6年生にかけては、思考力・判断力・表現力等の働く機会が増加する傾向にある。「絵の具の原料は何か?」「どうやって作るのか?」「どんな色ができるのか?」などの問いが、子どもの中に生まれはじめているからであろう。6年生では、それまでに学んできた知識・技能を活用しようとする姿も捉えられた。全体の傾向としては、高学年に行くに従って、すでに習得している資質・能力を活用して、自らの探究を深めていると考えられる。

このように、ゆうとさんらしさを発揮して豊かに学び、その学びが毎年少しずつ積み重なっているといえるのではないだろうか。

3 絵手紙で地域を発信

木村典之［「地域の色・自分の色」実行委員会副委員長］

①姫島中学校　はがき新聞の取り組みについて

姫島中学校では、姫島小学校と連携して、ふるさと科の学習に取り組んでおり、ジオ学習や姫島まるごとジオ・ミュージアムなどの学習が、小学校入学から中学校卒業までの9年計画のもとで行われている。この学習は次の三つの力を育成することが目的である。

・郷土の文化・歴史・芸能を学び、郷土への愛着心を高め、地域社会に主体的に関わる態度
・職場体験や郷土の産業を学ぶことを通して、自分を見つめ、職業観を広め、主体的に進路を切り拓く能力
・郷土の自然、地形や災害、防災体制の意義について理解を深め、災害時や防災に対する主体的な判断力と実践力

姫島小・中学校では、ジオ交流やジオパーク関連のフォーラムなど、子どもたちが、ふるさと科で学んだことを内外に発信する機会を多く設けている。その一環として、姫島中学校では、全校生徒32名（20

18年2月現在）が公益財団法人理想財団の「はがき新聞」に取り組んでいる。

理想財団のＨＰによるとはがき新聞とは、「はがきサイズやそれより少し大きなサイズの、新聞形式の原稿用紙を使った作文」のことで「相手意識と目的意識を持たせたコンパクトな作文なので、生きた言語活動として様々な場面で活用」できるとのことである。

姫島中学校がこの取り組みを始めたのは、２０１５年度のこと。生徒は、ふるさと科で学ぶ、伝統文化継承、環境保全活動、防災教育、地域産業理解などを題材に、年間7枚程度新聞を作成している。もちろん、姫島まるごとジオ・ミュージアムについても、毎年題材にしてくださっており、アンケート調査や感想用紙とはまた違った生徒の反応を見ることができるので、私たちも楽しみにしている。

姫島中学校のはがき新聞は、校内だけでなく、姫島村の玄関である姫島港のフェリー待合所にも掲示されている。生徒の個性豊かで、色とりどりのはがき新聞は、待合所に飾られているばかりではなく、利用者が自由に持ち帰ることができるようになっている。このはがき新聞に切手を貼れば、通常の絵はがきと同様に使うこともできる。姫島村に行ったことのない人のもとに、姫島中学校の生徒が作ったはがき新聞が届いたという話も聞いている。地域の魅力発信に一役買っているのである。

姫島中学校は、ユネスコスクール加盟校であり、ユネスコが勧める「持続可能な開発のための教育」を推進している。その柱の一つが校外への情報発信であり、そのためのツールの一つとしても、はがき新聞を利用している。生徒にとって、姫島村の魅力を外部の人に伝えるということは、はがき新聞作りの原動力になっている。はがき新聞を作ることで、ジオ学習の復習や文章での表現力、要約力をつけるだけではなく、姫島村の魅力を地域の活性化にどう生かすべきかを考えるきっかけにもなっている。人材育成にも役立っているのである。

②二人の生徒のはがき新聞から

ここから、めいさんとはなさんという二人の生徒のはがき新聞を紹介する。

まずは、めいさんのはがき新聞から。

めいさんは、２０１５年度に2年生で姫島色をつくるプログラム「姫島色をつくるⅡ　～いのちの色・植物～」を体験した。２０１５年度のめいさんの作る新聞は、色をあまり使っておらずシンプルだが、写真の使い方に工夫をしている（角度をつける、枠で囲む、吹き出しをつける、など）ので、とても見やすい。

２０１５年度の新聞で、「姫島色をつくるⅡ　～いのちの色・植物～」での活動を紹介し、植物から染料を煮出す作業について「匂いは、とても強く、鼻が曲がるようでしたが、『できあがるときっときれいな色になる。』と思いながら、ただひたすら煮つめて染色しました。」と書いている。その甲斐あってか、新聞に載っているめいさんの写真は、できあがった布を持って嬉しそうにこちらを見て笑っている。ここで注目したいのは、めいさんが染めあがった布について「それぞれ微妙に色が違い、とてもすてきなものができました」と書いていること。同じ植物を使っても、同じ色には染まらないことに気が付いている。

翌年、めいさんは「姫島色をつくるⅢ　～墨に五彩あり？　車えびシェルブラック～」を体験した。「果てしなき『黒』」という見出しをつけ、この体験について新聞にしている。とても楽しかったようで、新聞には去年と同様に、作品を持って微笑むめいさんの写真が載っている。そして、記事を「皆さんも、自然のもので『自分だけの色』を作ってみてはいかがでしょうか?・」と結んでいた。自己主張に終わらず、相手意識を働かせていることがわかる。色彩については「車エビを使って作った黒色は煤で作った黒色よりも少し鮮やかでグレーに近い黒色となり、こんな色になるのか、と感動しました。」と書いている。前年度と比較しても、色の違いについて、具体的に言葉で表現することができるようになっている。

続いて紹介するのは、めいさんより一つ学年が下の、はなさんのはがき新聞である。

はなさんといえば、小学校6年生のときに行われた「姫島色をつくるⅠ　～ザ・ピグメント　絵の具は石でできている?～」の最中、絵を描いているはなさんの様子を撮影しようと、県立美術館スタッフがビデオカメラを持って近づいたのだが、恥ずかしかったのか、なかなか絵を見せてくれなかった姿が印象に残っている。

はなさんは中学1年生のときに「姫島色をつくるⅡ　～いのちの色・植物～」の様子を「海を渡る新聞」と名付けた新聞に書いた。このプログラムでは、みんなで協力する大切さや、環境保護の大切さを感じたようだった。また環境保護について「環境を大切にすれば、観光客の人が楽しめる」と書いており、姫島まるごとジオ・ミュージアムを通し、地域活性化に向けた環境作りという視点を提案した。できあがった色に対しては「キレイな色に染めれてよかったです。」とだけ書かれていた。

2年生で行った「姫島色をつくるⅢ　～墨に五彩あり?・車えびシェルブラック～」では、「島の食材から絵の具づくり」という小見出しに続いて、作業の様子を丁寧に書いている。特に蒸し焼きにしている最中の匂いについて「最初は、こうばしくていい香りだなと思ったけど、後からくさくなりました」と、変化の様子も書いていた。できあがった色について「黒いけど、絵の具にある黒と少し違いました。」と書いており、前年度に比べて色の違いを感じられるようになった様子がうかがえた。また「他にも木から作ることができると言われたので、つくってみたいです。」という一文があり、はなさんの意欲が感じられる。

3年生で行った「姫島色をつくるⅣ　～きっちりやります！　油絵の具の作り方～」では、「楽しかったこと」という小見出しに続いて、プログラムの様子が書かれている。ちなみに、本文によると「小六のときにも石で絵の具を作ったので、手順をぼんやりと覚えていました。」ということ。「できた粉にリンシードオイルを混ぜるともとの石の粉よりも濃くなりました。ほかの展色剤よりも色が濃くなったような気がしました。友達が作ったのと比べるとちょっとずつ色が変化していました。色がだいぶ違うのから近いものまでありました。色々あっておもしろかったです。」と書いており、はなさんが色の比較を通して、色の変化を捉えた様子がうかがえる。また「色を重ねても混ざらないのでビックリしました。普段、使っている絵の具だと混ざるからです。」という記述もあり、手作りの絵の具と既成の絵の具を比較している。様々な比較を通して、手作り絵の具の特徴を伝えようとする姿勢が見られる。

この新聞には、友達と並んで、できた色を自慢げに見せてくれているはなさんの写真が載っている。6年生のときに、絵を見せるのをとても嫌がっていたのがウソのように、写真の中のはなさんは、とてもいい笑顔をしていた。

③まとめ

姫島中学校にはがき新聞を取り入れた、前校長の上原加代子氏にお話を伺った。

上原氏は、生徒がジオ学習や姫島まるごとジオ・ミュージアムを通じて学ぶ様子を見て「知識を得ても、そこで終わったらもったいない」「学んだことを他の人に伝えてほしい。」と思ったことから、相手意識を持って取り組める「はがき新聞」を導入したという。

はがき新聞は一般的な作文やレポートと違い、自分が学んだことだけではなく、伝えたい気持ちも書く。最初は苦戦していた生徒だったが、慣れてくると初回の半分以下の時間で書き上げられるようになった。繰り返すうちに、一つのものを見て、何か感じ取る、ここが良いと気付く力、ものをよく見るという観察する力が自然とついていったと思うとのこと。特に自主的にはがき新聞を作る生徒が出てきたことは、大きな喜びだったそうである。

生徒たちが作成したはがき新聞は、2015年7月の第1号発行以降、前に述べたとおり姫島港のフェリー乗り場にて、展示・配布されている。これが大変好評で、はがき新聞は次々と持ち帰られており、上原氏によると、当初は開始から約5か月の間に8千枚ほど増刷したという。そして、はがき新聞を持って帰った方の中には、メッセージを書いて学校に送ってくださる方もおり、このことが生徒たちのモチベーションを上げているという。また、保護者と教師の間でも、フェリー乗り場のはがき新聞が減っていく様を見て「売れ行き好調！」と、喜びを分かち合っているということである。

「地域の色・自分の色」の取り組みは、学校の力だけではできないことであり、学校教育とは違うところにいる専門家が、新しい視点を運んでくるということが刺激になる。姫島村の中にあるものを生かして、美術にしていく、身近なもので生み出せるということが実感できた。「地域の色・自分の色」実行委員会が播いた種に、学校が水を撒くことが大事である。また、良さをアピールするだけでなく「良さ」が失われていく現実も直視してもらいたい。その現実に対して自分たちの世代に何ができるのか、ということも考えてもらいたい、とお話ししてくださった。

はがき新聞は、上原氏の退任後、後任の後藤哲郎校長に引き継がれた。そして、2017年2月にオープンした姫島村のジオパーク拠点施設「天一根」での常設展示や、大分県内の私立大学に通う留学生との交流活動を利用し、英語版の作成に取り組むなど、活動の幅が広がっている。

姫島村教育委員会によると、姫島村の子どもたちは、9年間のふるさと科の学習を通して、姫島村の案内ができる「ジオ案内人」になることを目標にしているという。授業の中で、地域の伝統文化や自然、水産業などについて学び、姫島村の魅力を、生き生きと語るための資質・能力を磨いている。そして、はがき新聞を通して「自分の視点」で物事を捉え、発信していくことを楽しんでいる。姫島村の中で、本当に面白いものを見つけ、相手に伝える。一人より二人、みんなで面白さを分かち合うことが大切である。

姫島村の魅力を発見し、それを共有し、姫島村全体で、子どもたちを育てる。こうした輪の中で育てば、子どもたちが仮に将来姫島村から巣立ったとしても、きっと姫島村の魅力をいろいろなところで発信してくれるだろう。

今度、姫島村に行ったときには、フェリー乗り場にどんなはがき新聞が並んでいるのだろう？　楽しみで仕方がない。

姫島港のはがき新聞コーナー

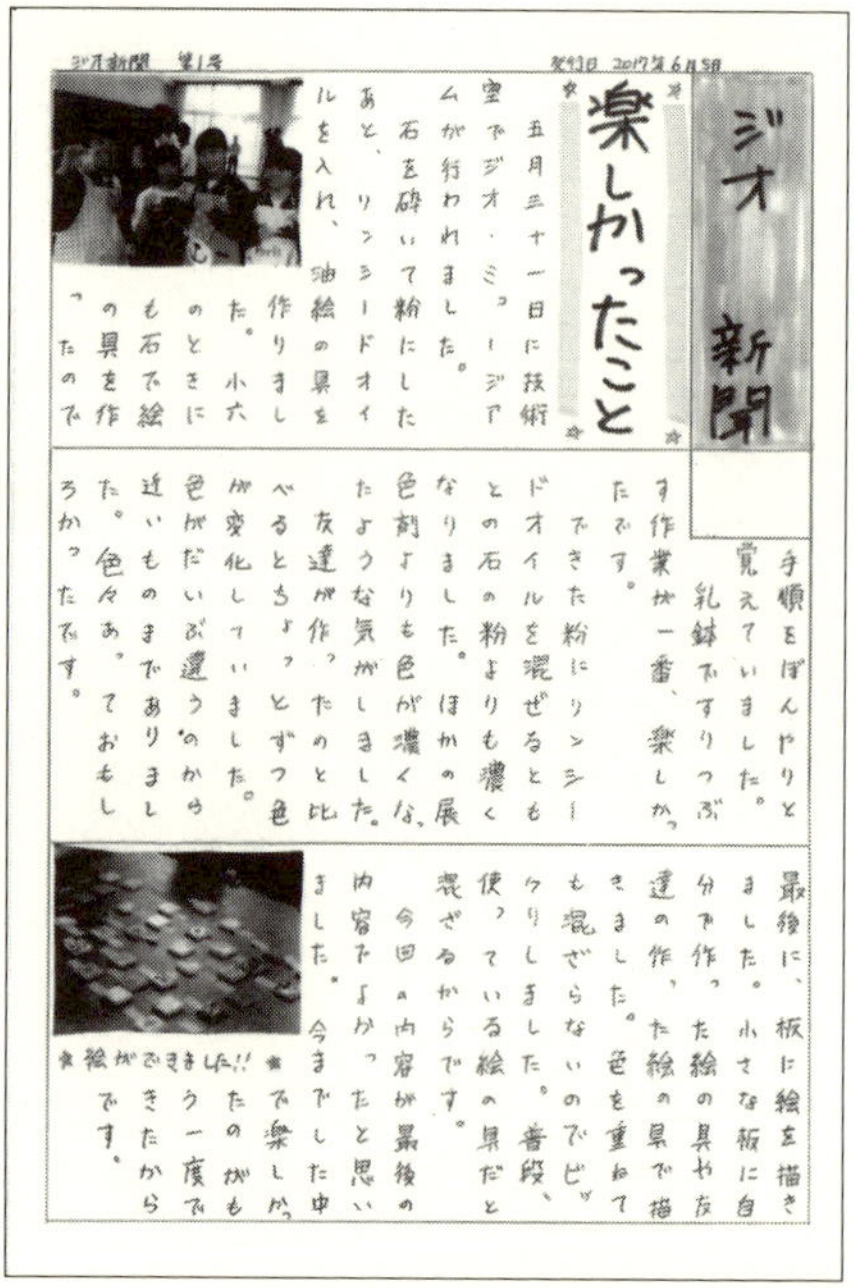

ジオ新聞　第1号　　発行日 2017年6月5日

ジオ新聞

楽しかったこと

五月三十一日に技術室でジオ・ミュージアムが行われました。石を砕いて粉にしたあと、リンシードオイルを入れ、油絵の具を作りました。小六のときにも石で絵の具を作ったので手順をぼんやりと覚えていました。乳鉢ですりつぶす作業が一番、楽しかったです。

できた粉にリンシードオイルを混ぜるともとの石の粉よりも濃くなりました。ほかの展色剤よりも色が濃くなったような気がしました。

友達が作ったのと比べるとちょっとずつ色が変化していました。色がだいぶ違うのから近いものまでありました。色々あっておもしろかったです。

最後に、板に絵を描きました。小さな板に自分で作った絵の具や友達の作った絵の具で描きました。色を重ねても混ざらないのでビックリしました。普段、使っている絵の具だと混ざるからです。

今回の内容が最後の内容で「よかった」と思いました。今までした中で楽しかったのがもう一度できたからです。

★絵ができました!!★

はなさんのはがき新聞（2017年）

4 色プロジェクトを評価する

藤井康子［大分大学准教授］・西口宏泰［大分大学准教授］

これまで、２０１４年度から「地域の色・自分の色」実行委員会の様々な取り組みについて述べてきた。本項では、２０１６年度より大分大学教育学部・全学研究推進機構が科研費（科学研究費助成事業基盤研究（Ｂ）（一般）研究代表者 藤井弘也（課題番号16Ｈ０３７９９））の助成を受けて行っている財団（県立美術館）との共同研究「幼小期における地域の色をテーマとした教科融合型学習の開発」（以下、〝色プロジェクト〟と呼称する）の目的と方法、手法、取り組みの内容と現時点での成果について述べる。本プロジェクトの教育的な意義として、研究対象である子どもたちや現場の先生方、保護者からの声をその評価の一例として紹介したい。

①芸術と科学を往還する融合型教育〝色プロジェクト〟

色プロジェクトは、県内の幼稚園１校と小学校３校（以下、研究実践校）、子どもの知的探究心を刺激する県立美術館の教育普及プログラム、学校と美術館をつなぎ、研究討議の機会を提供する財団、現場を統括する教育委員会、そして研究機関である大分大学との相互連携により推進されている。大学からの視点として、地域貢献、地域連携という今まさに大学に求められている課題と、新しい学習指導要領への要請にこたえる教育の提案ができる大きなチャンスである。大学も含め、組織的に学校教育の在り方を研究し、改善を図る取り組みは全国的に見て新しい試みである。関係各位の何度もの協議、議論を経て、美術や科学（物理、化学）、幼児教育、教育学等を専門とする教員が協力し合い、各々の専門性を生かしながら教科融合型の「色の探究学習モデル」の開発と効果検証に2016年4月から取り組むこととなった。

現在の日本の教育現場では、従前の枠組みを超えた教科間の融合を図ることは決して容易なことではない。大学ともなれば更にその壁は高くなるが、私たちはそれを芸術で乗り越えることに挑戦している。芸術教育が持つ包括的な知識や柔軟性、寛容性が、教科融合において重要な役割を果たすと考えるからである。すでに米国や韓国では芸術をイノベーションの柱に位置づけた研究が盛んに行われているが、「色」をテーマにした教科融合の考え方は他に例がなく、本研究の新規性と独創性となっている。

②〝色プロジェクト〟の目的と方法

本プロジェクトの〝色の学び〟をまだ経験していない子どもたちも石や花には色があると自然に認識しているように、この世に在る全てのものは色と結びついて認識されている。色は、大きく二つの観点から捉えることができる。一つは可視光（目を通して認識した光の波）、もう一つは色を伴って示される物質としての色彩（染料や絵の具などの色材）である。後者は、人の肌の色や表情としての顔色など人々の生活文化と結びついた様々な意味も含まれている。色がもたらす効果やその活用に目を向けてみれば、実に多種多様な学問・職業と結びついていることがわかる。色は各教科を融合させる「素材」として学問的に価値のあるテーマとなりうる。

私たちは研究実践校において、子どもの生活実態を把握することを目的にした「色の実態調査」（詳細は第2章6節参照）と、四つの学問的視点（芸術・科学・社会・言語）を組み込んだ「色の探究学習」を構想し、教育実践を通して検証を行っている。この四つの学問的視点は、探究学習におけるパフォーマンス課題を設定する際に重要となる。芸術的視点は色と人間の感性の関係性について芸術的に探究して自分を表現すること、他者について知ることを目的とする。科学的視点は光や物質の色に係る様々な現象を観察して調べること、実験から得られた結果やアイデアをもとに推論することを目的とする。社会学的視点は色と人間の関係について調べて郷土の文化を知ること、郷土の文化特性を明らかにすることを目的とする。そして言語的視点は、色と人間の身体との関係性について探ることを通して色の概念を構築すること、色を表す言葉を吟味して他者と相互に伝え合うことを目的とする。実践校の年間カリキュラムの1学期に「探究へのアプローチ」である県立美術館の教育普及プログラム（第2章1節参照）、2〜3学期は現場教員・大学・教育委員会で実施する探究学習を位置づけ、現場の教師たちと一緒になって開発し実践している。

教材開発では、大分県の強みである豊かな自然と文化財の「色」を取り上げることにした。子どもたちが新たな視点から地域の魅力を認識して、主体的な発信につなげることを重視しているからである。

③子どもの学びのエビデンスを保管・展示するカラー・ボックス

研究実践校園のうち小学校の対象学年には、大学が独自に作成した虹色のカラー・ボックス（94×45×

写真１　カラー・ボックス

写真２　達磨山海岸で石を拾う子どもたち

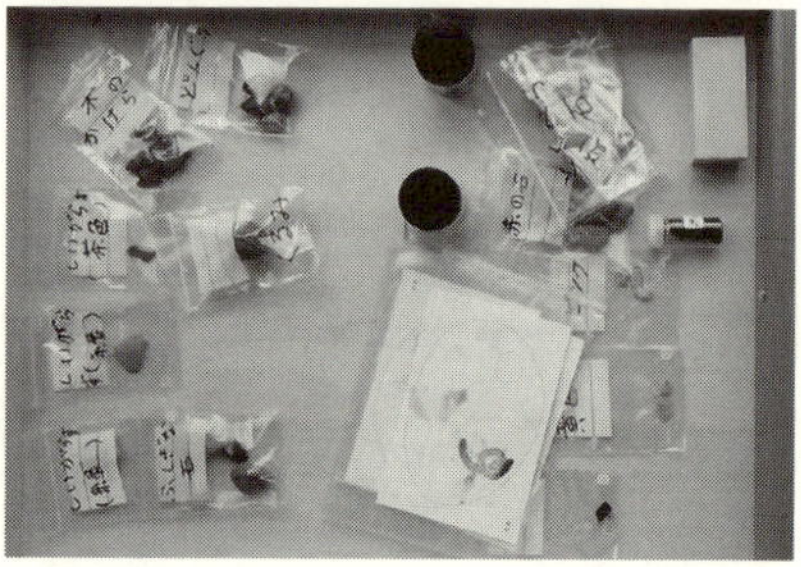

写真３　カラー・ボックスの引き出しの中身

50センチメートル、木製）を設置している（写真１）。学習に欠かせない存在であるこのボックスは、県立美術館教育普及グループが作成する教材ボックスを参考にした。子どもが「きれいな色」「私の好きな色」と感じて集めた〝宝物〟や〝色の学びの成果〟を保管・展示するための箱であり、それにふさわしい材質と機能性、美観を備えている。手製のため量産化できない難しさがあるが、この箱には製作に携わった人たちの「子どもに本物を与え、身近な生活の中から色の感性を育てていきたい」という思いが込められている。

　例として姫島村では、学校近くの海岸に〝色探しアドベンチャー〟に出かけて「私の好きな色」の素材を収集し、その素材から色材を作る活動を通して達磨山の花崗岩からできた石や貝殻等の美しさの認識につながった（写真２）。中には大人にとっては対象とならずに見過ごすような人工物もあるが、子どもにとっては心を捉えて離さない魅力がある。これらの〝宝物〟を子どもたちはカラー・ボックスの引き出しにそれぞれ保存し、探究学習の素材として活用している（写真3）。最終的には、『色の学び辞典』にまとめる予定である。

④大分県の強み「豊かな自然と文化財の色」を生かして

色プロジェクトの研究実践校園の4校は、姫島村と佐伯市宇目町、日田市津江、大分市に位置している。大分県の強みを生かした学習プログラムとは、各地域の自然や文化財などの地域資源を教材に活用することである。例えば、2013年に日本ジオパークに認定された姫島村は、天然記念物の黒曜石や拍子水温泉がある。アサギマダラの群生地もあり、数年前からジオ学習にも力が注がれてきた。姫島小学校ではふるさと意識の醸成を図るため、2016年に『ふるさと科』が新設され、地域学習を中心に据えた教育カリキュラムが特徴的である。ここでは幼小中の12年間を通した子どもの育ちを見ることができる。

⑤〝色の科学Q＆A〟～子どもの素朴な疑問から科学の本質の追究へ～

「色の探究学習」では、子どもたちから出された疑問・考えを大切にした探究課題を設定している。子どもの興味をより持続させるため、実践者には子どもの主体的な学び（探究）を促す指導上の工夫が求められる。そこで、単元の中に2時間程度〝色の科学Q＆A〟の時間を設定することにした。これは子どもたちが体験を通して抱いた様々な疑問について子どもと教師、大学教員等がそれぞれのアイデアを出し合

写真４　色の実験工房で、貝殻から顔料を作り出した子ども

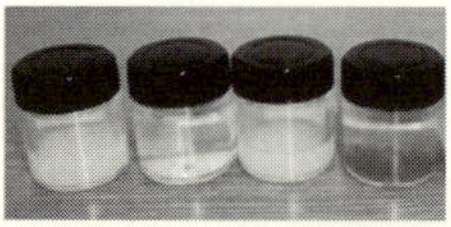

素材を潰して水を入れたもの

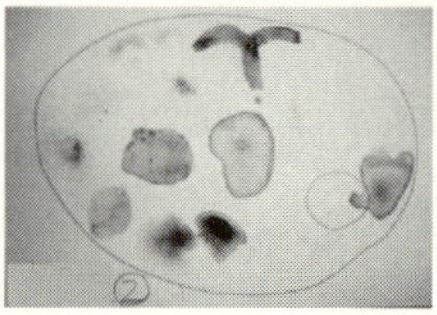

実験パレット「私の色と友達の色」

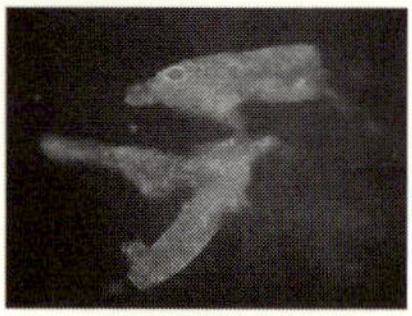

素材：貝がら

写真５　色の実験工房で得られた成果物

いながら課題解決に取り組む「共に学び合う時間」である。顕微鏡等を駆使して、色を科学の視点から考えるきっかけを与える。姫島小学校では、地域の素材から顔料を作る「色の実験工房」（写真４）を通して次のような疑問が出された。

芸術的視点からの問いについては、「色を作るにはどれくらいの時間がかかりますか。」といった絵の具の科学につながる質問が出された。この子どもは、市販の絵の具の材質や製作工程について考えたようである。古代から錬金術の時代を経て発展してきた絵の具の歴史についても考えるきっかけを与えてくれる。

科学的視点からの問いについて特徴的なものを挙げると、「色は何からできているのですか。」「（植物の色は）最初の色が青や赤や黄色だったのに、なぜ茶色や黄土色に変わったりすることがあるのですか。」「植物は何でみずみずしいんですか。」などの質問が出された。色と光の関係、色と色材との関係、色と形状の関係などについて自然と疑問を持っていることに感心する。そして、色の表現について〝みずみずしい〟という表現を使う感性がすばらしいと思う。光、波長、吸収、化合物、色素、色合い、鮮やかさ、明度など小学校高学年、中学高校で教える現象について自ら問題提起をしていることが着目すべき点である。また、佐伯市宇目町の宇目緑豊小学校では、姫島小学校と同じ「色の実験工房」を経験した2年生の子どもたちから、例えば科学的な視点から「透明って色なんですか?」という素朴な疑問が出された。未習の内容であるにもかかわらず、収集、観察、実験を経験することによって物事の本質を突く質問が多数出たことについて驚きを隠せない。色プロジェクトの試みが「感性」と「知識」の融合教育であることを証明する一例といえるのではないだろうか。このように、子どもたちは「色の探究学習」を通して自ら本質的な問いを生み出している。自然散策を含め実体験を通した学びが子どもの科学的な見方を育み、各教科で習得した知識が生活の中で役立つ生きた知識に変わっていく。子どもは、興味を持ったことであれば時間を忘れて学びに没頭する。授業では学級担任の驚いた表情や笑顔も印象的であった。色プロジェクトでは関係各位、実践校の先生方のご理解のもと教師が一度に教えるのではなく一緒に考えていく、一緒に探求していくという形をとっている。生徒個人の成長をつぶさに追っていくことの意義も含めて今後の展開が期待できる。

⑥色プロジェクトの評価　～探究学習と実践校の声～

芸術も科学も、答えは一つではない。一人ひとり異なる〃答えのない問い〃や〃答えにたどり着くまでに時間を要する問い〃を設定して取り組む色の探究学習は、点数での評価ではなく探究の評価基準を設定している。現在はまだ試験的ではあるが、ルーブリック評価も導入している。学校では総合的な学習の時

表2-8 「色はどこからきたの？」ルーブリック（2016年版）

分野	パフォーマンス課題	C	B	A	S
芸術	作った色を使って絵に表す	素材の採取された場所のことを思い出せず、手作り色材の面白さを感じることができず、絵に表すことができていない。	素材の採取された場所のことを思い出しながら、手作り色材の面白さを感じながら絵に表している。	素材の採取された場所のことを思い出しながら、手作り色材の面白さを感じ、その特徴をとらえて絵に表している。	素材の採取された場所のことを思い出しながら、手作り色材の面白さを感じ、その特徴を生かしながら絵に表している。
科学	採取した素材と作った色の違いを観察し記録する	採取した素材と作った色の違いの観察が不十分で、気づいたことを記述できていない。	採取した素材と作った色の違いを観察し、気づいたことを記述している。	採取した素材と作った色の違いを観察し、気づいたことを記述するとともに、確かめたことをスケッチ等の図なども活用して記録している。	採取した素材と作った色の違いを観察し、気づいたことを記述するとともに、確かめたことについてスケッチ等の図なども活用して記録し、因果関係を考えている。
社会	みんなの色をミニ新聞で伝える	私の色と友達の色の違いを制作方法、材料など工程の観点から聞き取り、調べることができていない。	私の色と友達の色の違いを制作方法、材料など工程の観点から聞き取り、調べている。	私の色と友達の色の違いを制作方法、材料など工程の観点と、予想や感想など考察の観点から聞き取り、調べている。	私の色と友達の色の違いを制作方法、材料など工程の観点と、予想や感想など考察の観点から聞き取り、自分の考えも書くなどして調べている。
言語	私の色について物語で表す	色の制作過程での出来事など体験したことを十分に思い出すことができず、物語をつくることができていない。	色の制作過程での出来事など体験したことを思い出しながら、思い付くまま物語をつくっている。	色の制作過程での出来事など体験したことを文字にしながら、自分にとって大切なことを考えて物語をつくっている。	色の制作過程での出来事など体験したことを文字にしながら、自分にとって大切な言葉を選んで物語をつくっている。

引用：大分大学高等教育開発センター紀要

間や図工の時間で実践しているため、各教師の評価基準により5段階評価がなされている。研究期間の4年間で「色の探究ルーブリック」を完成させ、各教科の評価基準とリンクさせて実用化していきたい。

最近、学校現場から次のような嬉しい声を聞くことが増えた。例えば姫島小学校での〝色の科学Q＆A〟において、子どもに「ガラスとかは色にならないけど、石とかは色になることに気づきました。」という科学の芽や「緑はやさしい色だと思う。」といった色の感性の育ちが見られたことである。担任の先生からの「久しぶりに子どもの力を見たというか、四つの課題には度肝を抜かれた。子どもが食いついて。やられたなーって。子どもたちは（発表したい）気持ちがあれば、練習しなくてもいけるんだ。私たちはこうしなきゃいけないんだ！　って。子どもたちがあそこまで必死に考えて食いつくなんて。すごかった。面白かった。」という感想や保護者からの「最近、学校で学んだ色のことをよく家で話してくれるんです。」という声が自信になっている。色の学びは子どもと大人の興味関心をつなげる。私たちは学びの広がりを目的に、２０１７年度から各実践校の子どもや教師がビデオレター等を通して学び合う取り組みも始めた。異分野の「融合」は、今や工学、技術、政治経済だけでなく教育界でも求められる。色プロジェクトは異なる教科の融合にとどまらず、異なる立場の人々が協力して作り上げる「総合的な学び」である。これに携わる現場の教師たちや学校も少しずつ変わりはじめたのを実感する。研究者にとっては、自分自身の研究や専門について見つめ直す良い機会でもある。〝学ぶ楽しさ〟は、老若男女、生活や生き方そのものを変える原動力となる。「色」をテーマとした芸術と科学の融合教育は幼少期のみならず社会人の学び直し＝リカレント教育にもつながる。大人も、自ら学び探求する楽しさを実感することができる〝自ら学び自ら成長するプログラム〟として、「色プロジェクト」の今後の発展が期待できる。

5 子どもたちの資質の伸び

木村典之［「地域の色・自分の色」実行委員会副委員長］

①2017年度の授業より

2017年度の色プロジェクトは、前年度末に子どもから出た「植物はなぜみずみずしいのですか?」という問いをもとに、「いのちの色・植物」をテーマとした学習が行われた。

子どもたちは自宅でフジバカマを育てている中元一郎教育長から苗を譲り受け、前年度末より、「色農園」と名付けた花壇で、自分たちで育てていた。1学期は、そのフジバカマや身近な植物を使って、生葉染め（植物を使った色水で布を染める方法）と叩き染め（植物を叩いて汁を出して布を染める方法）で、布を染める実験を行った。しかし、結果は子どもたちの満足いくものではなかった。思っていたような色に染まらなかったのである。

実験の前には、子どもたちが世話をしていたフジバカマが枯れてしまうというハプニングも起きたが、中元教育長の自宅を子どもたちが訪ね、もう一度苗をもらうことで、乗り越えることができた。このプロジェクトが、いかに姫島村の皆さんに支えられているかを実感する出来事であった。ちなみに、このフジバカマの蜜を求めて、アサギマダラが小学校に飛来するという嬉しい副産物もあったと聞いている。

このような経過を経て、2学期は1学期の実験の反省をもとに、実験を行うことになった。

２学期の授業の流れは、次のとおりである。

●10月30日　校庭で採取した植物を使って、布を染める実験を行う。子どもたちは、１学期の反省を生かして、布を染める方法を考えた。子どもたちの発言をまとめた結果、次の四つの方法で行うことになった。

・叩き染め
・踏み染め（「叩く」代わりに「踏んで」布を染める）
・お湯染め（生葉染めで使う水をお湯にする）
・冷水染め（生葉染めで使う水を氷水にする）

●11月20日　実験の結果をまとめる。方法は四つの学問的視点（前節参照）をもとに作られた次の方法から、自分の好きなものを選んで行った。

・色絵本作り…実験の結果を絵にする（芸術的視点）
・色の物語…自分の作った色を物語風に紹介する（言語的視点）
・ミニ新聞…他の子どもにどんな色ができたか聞き、比較する（社会的視点）
・レポート…実験の結果をレポートにまとめる（科学的視点）

●12月14日　２学期のまとめの授業。一人ひとりがみんなの前で、実験結果を発表し、そこから「考えたこと」について話し合った。表２－９は、子どもたちの意見交換の様子の一部で、写真１は、３学期にこの授業のまとめとして作り上げた、「色辞典」の一部である。

表2-9　授業の様子

教　師	「植物の数を増やしてやってみた人、どうでしたか？　さなさん？」
さ　な	「すごく出ました」
教　師	「ちなみに、どの方法？」
さ　な	「叩き染めです」
教　師	「はるきさんも叩き染めをしていたね。今、さなさんは色が出たと言ったね。はるきさんはさっき『出なかった』と言っていたけれど、この差は何かな？　ちなみに、はるきさんは葉っぱを何枚使いましたか？」
はるき	「１枚」
教　師	「さなさんは？」
さ　な	「２枚です。」
教　師	「数が多いほうが出そうだね。他に植物の枚数を増やした人は？」
り　お	「植物の数を増やしたら、１枚のときより倍以上出ました」
り　く	「僕はりおさんと同じで、花の数が少ないより多いほうが、たくさん色が出ました」
教　師	「多いと出るという意見がたくさん出ましたね。なるほど。」
	（中略）
教　師	「どうして叩き染めより、踏み染めのほうが色が出るのだと思う？　予想でもいいよ。」
り　く	「叩くより踏んだほうが、自分の重さがかかるし、ハンマーとかより自分の体重のほうが重いから、踏み染めがよく出たのかな、と思いました。」
ひまり	「踏み染めは自分の体重がかかっているから、叩き染めでハンマーとかでたたくよりも、自分の体重のほうが重いから、踏み染めのほうがよく出ると思いました。」
教　師	「染めるときに重さを加えるといいのではないかな、という考えもあるみたいですね。」

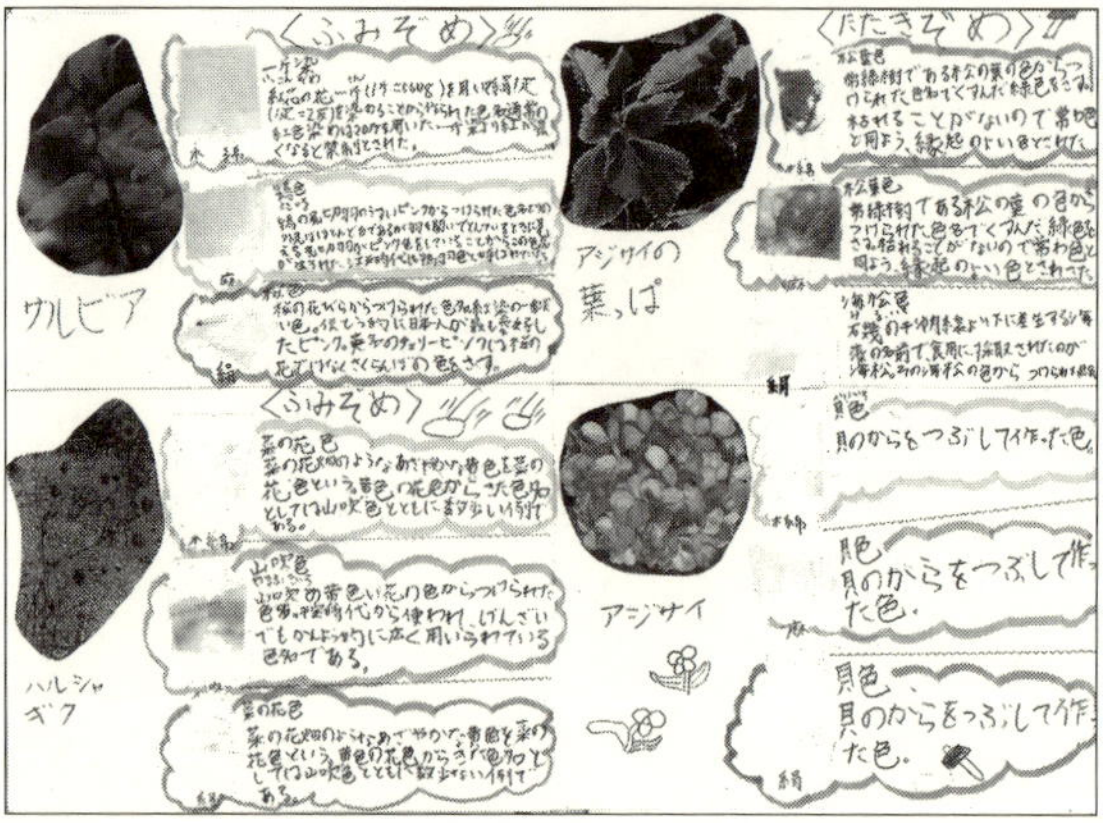

写真１　りくさんの色辞典（一部）

この会話以外に出た、子どもたちの意見は次のとおり。

・お湯染めの結果について…「少し色が出た」（そうすけ）、「（お湯を使わなかった）1回目よりも色が出た」（みなと）、「相当変わった。（色が）出た。」（あおと）
・氷染めの結果について…「お湯染めや1回目よりも、たくさん色が出た」（みなと）、「氷を入れたら、薄くなった」（りお）
・叩き染めの結果について…「サクラの葉で叩き染めにしても、色は変わらなかった」（はるき）
・踏み染めの結果について…「1回目の実験と比べて、たくさんの色が出て、自分の思う色ができた」（りく）、「叩き染めよりも色が出た」（よしひろ）、「踏みすぎたら、種や液が出た。（色は）出た。」（りお）
・植物の種類による違いについて…「サルビアはたくさん色がでた」（ひまり）、「アジサイは色が出なかった」（りお）

教師の声かけによって、子どもたちは着眼を得て、自分の意見を言う。そして、教師ははるきさんの結果とさなさんの結果を比べてわかること（枚数）について意見を求める。そこに、りおさんが反応する。りおさんは「数を増やしたら」と言っており、すでに比較実験までしていることがわかる。その言葉に反応して、りくさんも発言する。

他の子どもの意見に反応した子どもが、更に自分の意見を言う。教師が子どもたちの意見の共通点や相

表2-10　子どもたちの『問い』の比較

	2016年度	2017年度
①テクニカルな問い	・どうやったらピンクとか赤色が出るのか ・色を作るにはどれくらいの時間がかかるのか ・テレビで見る川には色がついているけれど、どうやって色をつけているのか	・どうすればきれいな色が出るのか（2）
②概念的な問い	・どうしてガラスは色が出ないのか ・なぜ最初の色は青や赤や黄色だったのに、茶色や黄土色とかになるのか ・なぜ石や貝殻をつぶすと色ができるのか ・何もしなかったら色が出ないのに、粉にしたら色が出るのはなぜか ・色は何で出るのか（2）	・どうして水温によって色が変わるのか ・どうして色水は色がついているのに、布が染まらないのか ・枯葉はどうして色が出ないのか ・どうして明るい色が出ないのか ・花や葉は全部色が出るのか ・なぜ方法が違うと色の濃さが変わるのか ・何種類かの色の植物を使っているのに、1つの色になるのはなぜか ・なぜお湯のほうが冷水よりも染まるのか
③本質的な問い	・色は何からできているのか ・植物はどうしてみずみずしいのか	・なぜ花には色があるのか（3） ・葉はどうして緑なのか
なし	・ない ・浮かばなかった（2）	

違点をまとめた言葉をかけることで、子どもたちが自分の考えを整理していっていることがわかる。

その後、叩き染めと踏み染めの比較実験の結果を、あおとさんが述べている。りおさんは、植物の種類によっても違いがあるのではないか、と推察したようである。

②問いの比較

考察に続いて、子どもたちは次の学習に向けての問いを発表した。表2－10は、このときに出た子どもたちの問いである。

子どもたちの問いをよく見てみると「困りを解決したい」というところから生まれた単純な問い、

いろいろやってみたが何か原理がありそうだというような探究に向かう問い、そもそものところを追究する本質的な問いがあることがわかる。正確に分類しにくいところもあるが、ここではあえて「テクニカルな問い」「概念的な問い」「本質的な問い」の三つに分類してみた。また、比較のため、子どもたちが2016年の色プロジェクトの最後に出した問いも併せて紹介する。

③結　び

まず、子どもたちの問いの中で出てくる言葉に注目する。「水温」「方法」「お湯のほうが冷水よりも」という言葉は、前年度には出てこなかった。これは前年度までの学習に影響を受け、実験方法と実験結果から、問いが生まれたパターンである。

子どもたちの問いを更によく見ると、わずかではあるが、テクニカルな問いの数が減り、概念的な問いの数が増えていることがわかる。実験、観察を二～三度繰り返す中で、原理を知りたいという欲求（「なぜそうなるのか?」という問い）が生まれていると考えられる。また、問いの質も上がってきているように感じられる。例えば「どうすればきれいな色が出るのか」「どうして明るい色が出ないのか」という問いには、美への憧れの感情が働いていると思われる。これも、前年度にはなかった視点である。

ここで、色プロジェクトの対象になっている子どもの一人、りくさんについて記述する。りくさんは、昨年度の最後に問いが思いつかなかった子どもの一人である。今年の1学期にアジサイの花と葉で実験を行った。葉の叩き染めはよく染められていたが、「とてもよく色がつくだろう」と予想した花では、全く染まらなかった。この結果を受け、2学期の挑戦が始まった。①の授業で、初めに教師から「今回はどうしたいか」を聞かれたところ「もっときれいな色に染めたい」と答えた。また、実験の直前に出された「どういう工夫をするか」という質問には、「お湯染めだったら、お湯を入れる量とかを測ったりする」と答えた。そして「四つの実験方法のうち、いくつやりたいか」と問われたときには「全部」と答えた(実際は時間の都合上一人二つまでだった)。実験中に工夫したことを書いたワークシートには「ふみぞめ　空気を入れない、かかとでふむ、ふんでいる足に体重をかけた、花はだいたい多く、3分くらい」「おゆぞめ　たくさん花を入れる、20分、80度」と細かい点まで気をつけ、記録に残していた。実験にどれくらい真剣に向き合っていたかがうかがえる。11月の授業では、絵を描いてまとめることにし、とても丁寧に、きれいな色使いの絵を描いていた。12月の授業では、最後の問いの発表の際に「なぜ花には色があるのか」という、本質的な問いを導き出した。

色プロジェクトでは、実験の方法や、まとめの方法など、全ての過程において子どもたちの主体性が高まるように配慮している。大人としては「もっとこうしたらいいのに」とつい口や手を出してしまいそうになるが、怪我をするようなことをしない限り、子どもたちがどうするかを見守っている。たとえその結果、子どもたちが実験で思うような成果を出せなかったとしても、うまくいかなかった理由を探す学習につながるからである。今回の実験で染めた布も、子どもたちにとっては、満足いくできではなかったようだ。しかし、自分たちの実験や考察によって、子どもたちが得た学びは大きかったのではないかと思う。

活動をしているとき「先生、教えて!」という子どもたちの姿は見られない。難しい課題も自分で考えようとする。「わからないなぁ。」と言いながら悩み、難しい課題も自分で考えようとする。ときには私たちも「大丈夫かな?」と心配になることもある。実際のところ、主体的に取り組む子どもたちは、私たちのそんな心配をよそに、自分の考えた方法で、自分の目標に向かって、黙々と実験に励む。子どもたちの学びに向かうたくましさを、そこに見ることができた。

6 幼小中の連携からみえてくる色の育ち

大野歩［山梨大学准教授］・麻生良太［大分大学准教授］

①実践における子どもたち

「わあああ、まっくろくろすけ！」。黒の素材で覆われた保育室に足を踏み入れた子どもたちの歓声が響き、われさきへと黒の世界へ飛び込んでいく姿が広がる。たちまち部屋いっぱいに、色と出会う子どもたちの喜びが満ちる。毛糸を頭にかぶる。トイレットペーパーで体をぐるぐる巻きに覆う。大きなビニール袋にすっぽりと両足を入れてぴょんぴょん飛び跳ねながら、ニコニコ顔で友達を追いかける。気に入って手にする素材も、それをどのように使って楽しむかも様々。全身で色に触れ、素材による感触や色味の違いを感じながら、一人ひとりが自分の中に芽生えたそれぞれのワクワク・ドキドキを遊びという形で表現する。心身ともに色の世界へ入り込む幼稚園児の姿には、色に「ひたる」という言葉がしっくりくる。

ところ変わって。「くっせえええ！」「あはははは」「こっちはヨーグルトの匂いがするよ」。真夏の濃い青空に浮かぶ入道雲を突き破るような笑い声とともに、ガスコンロで作っている炭のでき具合いを匂いで確認しているのは小学生たち。あぐらをかいたり正座をしたり。力を入れやすいように姿勢を変えながら、作った炭をすり鉢でゴリゴリとあたる神妙な面持ち。細かくなった炭粉を親指と人差し指でそっとつまんでこすり合わせると、「さらさらになった」。噛みしめるようにつぶやく。すりあがった炭粉をグループで一つのすり鉢へ集めようとしたその瞬間、さっきまでの活発な空気から一転して、水を打ったような静けさに包まれる。「固唾をのむ」とはまさにこのような場面を指すのだろう。自分たちで作った炭が、本当に絵の具になるのかな？　すり鉢を見つめる子どもたちの中で大きく膨らむ期待と緊張が交錯する教室には、静と動を組み合わせながら、ダイナミックに変容していく子どもの姿がある。

さて、小学生と同じようにガスコンロで炭を作っている中学生たち。小学生の弾けるような明るさとは異なり、さすがに落ち着いて作業を行っている。と思いきや、「んん？　あああっ！」。一人の生徒がガスコンロから少し離れた柱にかかっているクモの巣を指さし、近づいた。その姿を目にとめた友達たちも、わらわらとクモの巣の下に集まる。「おおおおお、すげえ」。一同は頭上にあるクモの巣を見上げながら、大興奮。なんと彼らは、コンロから立ちのぼる煙を被ってすすけたクモの巣の細い糸と糸の間に、ポチポチと小さな黒っぽい塊がくっついていることに気付いたのである。「空中にものすごく細かい粒子が飛ぶんだよね」。先ほど教室で煤の原理を説明していた先生の声がよみがえる。「知識と経験が結びつく」なんて、すっかり使い古されたフレーズかもしれない。しかし、これまで身体に蓄えながらも想像するにとどまっていた事柄を目の前の現実世界に見いだし、「腑に落ちる」実感を素直に喜ぶ子どもたちの姿に出くわすと、その力強さに圧倒されてしまう。そして、「そんな発見をするあなたたちこそが、〝すげえ〟」と心のうちでつぶやくのであった。

②子どもたちの姿から見えてくる「色」の学びの意義

これらは、姫島の幼稚園、小学校、中学校の各校園で展開された「色」をテーマとする教育実践内で、実際に私たちが目にした子どもたちの姿のほんの一端である。幼稚園では、遊びの中で「色」という刺激に出会い、知覚し、その感覚を存分に探索する。小学校では生活の中にある素材を活用しながら、日本文化に根差した黒の顔料を作る過程を通じて「色」と対峙し、観察し、様々な疑問を浮かべる。そして中学校では、これまで培ってきた知識や経験を自己の内部でつなぎ合わせて、「色」の物理学的な反応機構を日常生活の中にある現象として見いだす。年齢による学びの特性が見いだされる一方で、ふと、年齢を超えて通底する姿に気付く。「色」とじっくり対話できる環境において、「色」に関わる歴史、文化、自然、生活などに触れた子どもたちは、発達段階による違いはあれど「色」を五感でキャッチしつつ、見事なまでにその本質を問おうとするのである。

これら子どもたちのあり様は、新しく出会った物事を探り見極めようとする、人間的な営みとしての学びの姿そのものとはいえまいか。「色」にまつわるモノ・人・コトに出会った際の快い・美しい・面白いといった己の感覚から出発し、その感触を確かめるべく幾度となく繰り返し対象と関わり、やがて周囲の世界を捉える枠組みを少しずつ広げていく。このような経験の積み重ねこそが、成長と呼ばれるものの実体であろう。子どもたちが学びを深めていく道のりには、たしかに校園種や教育方法の違いによる垣根がある。しかし、子どもたちは実に楽しそうにそれらを乗り越えているようである。

他方、「色」との関わりを起点としながらも、出会った対象と共鳴することによって内的に体験する事柄は、一人ひとり異なる。それを各自が言葉や描画や身体などを通じて表現すると、たちまちその子だけに見えている「自分の色」の世界が私たちの目の前に現れる。その「自分の色」と隣にいる子どもの「自分の色」が混ざり合う教室では、どうやら「クラスの色」が生まれているようである。「自分の色」が多ければ多いほど、それらが調合された「学校の色」は独特の色味を放つことだろう。

では、「自分の色」を表現するために、一人の子どもが周囲の世界にまつわる物事の理を求めようとしてたどる道筋を、私たちはその時々でいかに支えて、バトンを渡していけばよいのだろうか。思うに、個々の学びを起点としてそれぞれが抱く「不思議」を共に探っていけば、子どもたちは自ずと学びのエンジンをぐるぐる回して、成長の階段を上っていくのではないだろうか。その事実を、姫島の子どもたちは幼・小・中を舞台にした一つの物語として、私たちへ伝えている。この物語は子どもたちの成長とともに、やがては姫島という「地域の色」を彩っていくのだろう。子どもたちがじっくりと「自分の色」を育てる学習は、実のところコミュニティそのものを育てているのかもしれない。

③色の生活実態調査から

「好きな色は黄色です。その理由は、明るいから。明るく姫島の山か海などのきれいなところをあらわす色だから」「好きな色は黄緑です。その理由は、きれいだから。やさしそうな色で葉っぱの色だから。」これは、姫島小学校4年生の児童の『あなたの好きな色は何ですか？　その理由もあれば教えてください』という質問に対する回答の一つである。また、「好きな色は黄緑です。その理由は、私のふるさとの宇目というイメージがあるから。」「私の好きな色は緑です。その理由は、自然の色だから。きれいで少し濃いけど元気になるから。」これは、宇目緑豊小学校4生の児童の同様の質問に対する回答の一つである。

この二つの小学校の回答から何がわかるだろうか。まず、両校とも自分の好きな色と自分自身が住んでいる地域を密接に関連づけて回答をしているということである。本実践の目的は、自分自身あるいは他者（クラスメイト、地域の人）と協働しながら地域の「色」と向き合い、地域の「色」と対話することで、自分自身が住んでいる地域を「色」を通して見つめ直すことである。この実践を通して、好きな色という個人の価値に地域の自然が影響を与えているという事実、また、好きな「色」を考える際に、自分自身が住んでいる地域の豊かな自然を想起するという事実がわかってくる。これらの事実こそが、「色」をテーマとする教育実践における成果といっていいだろう。

また、この回答をしたのが小学校4年生ということにも注目したい。この時期の子どもが持つ豊かな感受性が回答にそのまま表れているように感じる。では、この感受性豊かな回答は、4年生の1年間限りの学びで出てくるものなのだろうか。答えは否である。幼児期、児童期、そして青年期を通じて体験を通して地域の「色」と対話し、表現する。その中で、子どもたちは「そもそも色とは何か」「色はどこからくるのか」「自分は〇〇色が好きだが、『なぜ』その色が好きなのか」という素朴な疑問を持ちながら実践に参加する。その素朴な疑問への一つの答えが先の質問への回答なのである。

④アートと学びをつなげる

今回の色の実態調査では、他にこのような質問がある。『あなたの身のまわりの草花・土・砂・石・貝・生物などについて、あなたが知っていることはありますか』。それに対する子どもたちの回答の一部である。姫島小学校、姫島中学校からは「アサギマダラがすなびき草にとまる（小学校3年生）」「ふじばかまはしぶい匂いがする（小学校4年生）」「姫島の黒曜石は姫島特有の乳白色をしている（中学校2年生）」。宇目緑豊小学校からは「蛍はおしりでオスとメスを見分けられる（小学校3年生）」「家の周りの土をほってみると、下にほるほど赤くなってきてかたくなってくる（小学校4年生）」「近くに海はないのに、きれいな貝がらがおちている」。これらの回答から、今回の実践の目的にもある、「アート」をいかに学びにつなげるかのヒントを見つけることができるだろう。つまり、地域の「色」を核として、いいかえれば地域の「色」との対話を出発点として、いかに日々の学びをスタートさせるかということである。

子ども自身が日々過ごしている生活空間は、実は主体的に学ぶための教材にあふれている。姫島小学校、姫島中学校、宇目緑豊小学校の子どもたちから出た身の回りの生活空間についての素朴だが豊かな知識を見るとそれがよくわかるだろう。しかし、身の回りの生活空間についての素朴な知識それ自体は断片的なものであり、生活空間を体系的な学びにつなげるのはそう簡単ではない。また、子どもたちの身の回りの生活空間についての素朴な知識とそれに伴う興味・関心は多岐にわたっており、例えば「アサギマダラがすなびき草にとまる」という知識があったとしても、それに伴う興味・関心は「アサギマダラがすなびき草にとまっている絵を描きたい（芸術的観点）」かもしれないし、あるいは「なぜアサギマダラはすなびき草にとまるのかの理由を知りたい（科学的観点）」かもしれない。そう考えると、子どもたちの素朴な知識を体系的な学びにつなげるとともに、個々の興味・関心に応じた学びを保障するものとして、「色」は最適な題材であるといえるだろう。

⑤連携を通した色の育ち

これまで述べてきたように、今回の地域の「色」の実践はアートが中心である。地域の「色」を体験し、考え、表現する子どもの生き生きとした姿については本節の冒頭で示したとおりである。そこには地域の「色」の本質に触れたときに発せられる子どもたちの感情的で感動的な声があり、またそれを他者と共有したという喜びがあった。幼児期、児童期、青年期の約10年にわたり今回の実践を積み重ねることで、変化するものは何であろうか。それはおそらく、地域の「色」や「色」自体についての子ども一人ひとりの感受性だけでなく、そこで生活している地域の人々や幼小中の教師たちの「色」に対する意識でもあるに違いない。幼小中の連携というと、子どもたちの育ちばかりが注目されがちだが、育ちを保障するためにはその育ちを支える地域や教師の意識の変化が必要不可欠であろう。

地域の人々や幼小中の教師の意識の変化は、地域の「色」を核とした体系的な学びを考えたときにも重要である。子どもたちの地域の「色」を核とした学びが、ある学年のある教科のみで行われるのではなく、幼小中の約10年間を通して体系的に行われることを保障しなければならない。そのためには、例えば幼児期でどのような「色」の実践をしてきたのかを小学校の先生がしっかりと把握するだけでなく、その実践を通して子ども一人ひとりが何に興味・関心を持っているのかを把握しなければならない。その上で、各学年の発達段階や各教科の学習指導要領を踏まえた指導を考えていくことで、子どもの「色」の育ちが深まることになるだろう。

白で遊ぶ子どもたち

黒で遊ぶ子どもたち

3

大分県各地の独自性を生かして

1 中学校の取り組み

平山正雄［津久見市教育委員会教育長］

①津久見市の特色と教育

大分県の南東に位置する津久見市は、豊後水道に面した津久見湾の湾口を囲うように半島部のリアス式海岸が延び、切り立った山地が三方から馬蹄形に囲んでいる。島しょ部は南の四浦半島の延長に保戸島、北の長目半島の延長に無垢島がある。

青の海岸線と緑の山林、傾斜のみかん畑は美しいコントラストをなし、切り立った山には日本屈指の石灰岩の地層があり、昔から「セメントのまち」として全国に知られている。半島部から中心部を取り巻く地層には蛇紋岩、阿蘇4期溶結凝灰岩、黄銅鉱、マンガン鉱、珪石など多様な岩石・地層が露出しており、付加帯としての特徴を色濃く表している。

2011年、中心市街地から東に5キロメートル程離れた網代島では、赤や黒、黄色や紫色が織りなすチャートの地層の中から、2億4000万年前のきわめて保存状態の良い「宇宙塵」が発見された。

また、古くからセメント産業を基幹産業として、石灰石加工品を運搬するための海運産業、温暖な気候を利用したみかん産業、豊かな海による漁業等の産業が栄え、浦々の歴史を彩る文化・伝統が継承されている。子どもたちは生まれ育ったときからの環境でもあり特に、これらをふるさとの特色として認識してはいない。

津久見市では、こうした地域の基幹産業や観光施策との連携、自然素材等を活用した「ふるさと教育」を学校教育に組み込んでいる。

本稿では、「ふるさと教育」を念頭に置き、中学校におけるアート（美術）と言葉（国語）とサイエンス（理科）を中心とした教科融合型学習を意識した取り組みについて報告する。

②津久見市立第一中学校の取り組み

津久見市教育委員会では２０１６年度より公益財団法人大分県芸術文化スポーツ振興財団に事務局を置く「地域の色・自分の色」実行委員会の全面的な支援を受け、第一中学校現2年生91名を対象に「中学生期における地域の色をテーマとした教科融合型学習」に取り組んでいる。

第一中学校は全校生徒２６３人の中規模校である。「ふるさとを愛し、主体的・協働的に学び行動する一中生」を学校教育目標に、班活動を中心とした学びや仲間との絆作りを推進している。生徒は素朴で明るいが、学力等個人差が大きく、生活体験の乏しさから語彙が少ないという実態もある。そのため「ふるさと教育」の一貫として実行委員会、市教育委員会、学校が強い連携のもと取り組んだものである。表３－１は２０１６年度対象学年が1年次の実践の様子である。

表3-1　津久見市立第一中学校の取り組み（2016年度）

①ザ・ピグメント　～絵の具は石からできている?～	【概要】 2016年11月15日実施の、岩石を砕いて絵の具を作る授業。これは、スクール・ミュージアムを前に、美術（色を作る）、理科（色を科学的に理解する）、国語（ことばによる表現力）の授業をすることで芸術鑑賞への関心を高めることや、身近な色から津久見の色や成り立ちなどについて関心を広げ、地域の特色や良さに気付くことが、ねらいである。 生徒は自宅周辺から拾ってきた石を持ち寄り、ハンマーや、すり鉢、篩を使って粉状にし、膠（展色剤）で溶いて白色、灰色、茶色、黒色など濃淡を含んだ多くの「色」を作り、できあがった絵の具を使って絵を描いた。 次の時間、理科教諭が「サイエンス・レクチャー」の授業をする。ザ・ピグメントの内容を整理し、生徒が持ち寄った津久見の石を分類する。作業と講義を続ける中で石や色、光などの原理や関係性などについて学ぶ。
	【主な感想】 ・色はそこに付いているのではなく、反射して目に届いているからその色に見えること。反射しないところだと色 が消えることがわかりました。 ・大きめの石を割ったら宝石みたいな石がありました。その石は何なのか、きっときれいな絵の具ができあがると 思います。 ・今度のスクール・ミュージアムでは、いろんな作品を見ていろんなことを感じ取りたいと思います。
②スクールミュージアム	【概要】 2016年11月21日、県立美術館主催のスクール・ミュージアムが第一中学校の体育館で開催。日本画の福田平八郎、髙山辰雄、彫刻家の朝倉文夫ら大分県を代表する巨匠と共に、津久見市出身の南壽敏夫、岩尾善幸など、33点の作品が展示された。ザ・ピグメントで顔料の作り方や色彩について学習した生徒が本物の芸術作品はどう感じ取るかがポイント。
	【感想】 ・県立美術館のスタッフと作品を見ていると、『いろいろな角度から見て』とか『ここを隠して見て』とか言われて見ると新しい発見がありました。僕の心に最も残った作品は、江藤哲さんの『海』という作品です。荒々しい海を描いていて表面を見てみると何層にも絵の具を重ねていてゴツゴツしていました。 ・津久見にゆかりのある作品も多く描かれていて、ふるさとを思う気持ち、地元愛を感じた。 ※531名の来場者があり、地域の方々をはじめ、多くの方に作品を鑑賞していただくことができた。中学生257名のアンケートによると、90%以上が「楽しかった」「好きな作品を見つけた」などの好印象を受けた様子がわかった。

津久見プロジェクト実行委員会

２０１７年5月2日、実行員会、津久見市、市教育委員会、大分大学、第一中学校教職員で組織される津久見プロジェクト実行委員会の第1回実行委員会が開催された。


(教育長)「津久見での本格的な研究を平成29年度からスタートさせたい。」

(教職員)「生徒が、昨年のスクール・ミュージアムから今年はどう変わっていくかを楽しみにしている。」「これまでの取り組みで教員が新しいことに挑戦する、学び合っていく姿を感じた。」「この１年で、色や光に対してとか、共通事項に関して注目して発言する子どもが増えた。色からどういう感情が思いつくとか発する子どもが多くなった。」「色が少ないことによって、こういう効果があるとか、印象がより深くなるとか、色が多かったらよいわけではないということに気が付きはじめたなど、変わったなと思っている。」

(准教授)「理科のロジカルなものの見方の中でいろんな活動がある。その活動のきっかけに美術がなれば良い。」

(教育長)「この研究を通して、子どものいろんな表情が見られる。その一瞬一瞬を記録に残しておくことが大事になる。」


このような意見が出され、実行委員会職員からは２０１７年度の「事業構造図」、第一中学校から「年間指導計画」なども説明された。2年目の実践からは『地域の色・自分の色』実行委員会研究助成」に加え、「公益財団法人博報児童教育振興会第12回児童教育における研究助成」も受け「ふるさとの魅力発見　～津久見の色・自分の色～」をテーマとして「津久見プロジェクト」を実施することになった。

その絵・・・どんな絵？（自分の言葉で絵画作品を伝える　～作品の見方や感じ方を広げる～）

２０１７年６月19日、津久見市出身の画家、南壽敏夫の作品（津久見市所蔵）７点を用意する。まず、４～５人班の生徒のうち、鑑賞して言葉だけで他の生徒に伝える人、説明を聞いて絵を想像する人、それぞれの様子を記録する人に分かれて活動する。同じ活動を交替して行い、合計２回実施する。「絵を言葉にすること、伝えられた言葉から絵を頭の中で想像すること、想像した絵と実際の絵を比べながら鑑賞すること。」を通して、同じ絵であっても人によって表現の仕方が違ったり、同じ説明を聞いても違ったイメージ（思考）を持ったりすることが体感できる。

生徒からは「絵を見たら全然違うことを想像していました。でも、自分が想像したものと実際の絵を比べてみるのは面白かった。」という感想があった反面、「絵を見て様子だけ伝えることはできたが、自分の感じたことを相手に伝わるように表現できなかった。」などの感想もあった。

特別授業「網代島へのバス巡見＆サイエンス・レクチャー」

２０１７年８月24日、「総合的な学習の時間」に、網代島での現地観察へ出かけた。講師はＪＡＭＳＴＥＣ（国立研究開発法人海洋研究開発機構）の職員である。観察に先立ち講師と理科教師が学習目標等についての打ち合わせを行った。

【考察ポイント】「リアス式地形はどのようにしてできるのか」「山地と平野はどのような違いが観察されるか」（基本的にはリアス式海岸の景色が津久見の特徴であること、湾の美しさを認識すれば十分であること。等）【観察ポイント】「チャートの観察」（ここに一番時間をかける）【深く学ぶ】「プレート移動、付加帯」（中学生には、目の前の悠久の時の流れを実感してもらえば十分）などである。

チャートの観察

深海で堆積した放散虫、珪藻化石を多く含む岩石であること、風化していない部分は非常に硬い。色は、白、赤、黒、緑、黄などがあり、かつては火打ち石に使用されたことなどを学ぶ。津久見の石灰岩は浅い海で石灰質の殻を持つプランクトンにより形成されたのに対して、チャートは深海で形成されることを学ぶ。生徒は、浅海で形成される石灰岩と深海で形成されるチャートがなぜ近くにあるのかという疑問を持つ。このことから、「プレートの移動や付加帯」など、より深い学びへと進んでいく。

チャートを観察する生徒

ＪＡＭＳＴＥＣの講師からは「県立美術館職員、中学校の美術・理科の先生と組むことで、中学生に効果的な授業ができることを知り、本当に有意義な経験になりました。生徒の皆さんは、地学だけでなく、英語や歴史や国語、それから理科を含めたいろんな勉強をずっと続けてください。そして津久見の良さをいろんな人に伝えてください。」とコメントがあった。

生徒からは、「難しいと思っていたことを、とてもわかりやすく教えていただいた。論理的な言葉と熱い思いが伝わってきた。改めて、津久見の良さと不思議さを感じた。網代島は研究者にとって宝の島なんだ。津久見ってすごい。」などの感想があった。

ふるさとの魅力発見「津久見の色・自分の色」地域の石から色（顔料）を作る

２０１７年９月28日、２年目のザ・ピグメントが始まった。今回は網代島の石から顔料を作る。そして「自分の色」で色見本を作り、網代島で描いたスケッチに着彩する。これ等全てを標本にして、「津久見色辞典原画」にする。

生徒は、できあがった顔料に展色剤である膠を混ぜて世界に一つの「自分の色」を作る。色名をつけて、その名の根拠を文章で表現した。

「津久見湾栗色（つくみわんくりいろ）。栗の実の色、表皮の色からきた濃い赤めの茶をさす。赤・オレンジ・白・黒・灰・茶などのいろいろな色の栗色。海の浜辺の砂みたいになりました。」「みかん茶（みかんちゃ）。みかん色を細かくすりつぶしたら、みかん色と茶色が合わさった色に見えたから、この名前にした。みかんで有名な津久見の魅力が伝わってく

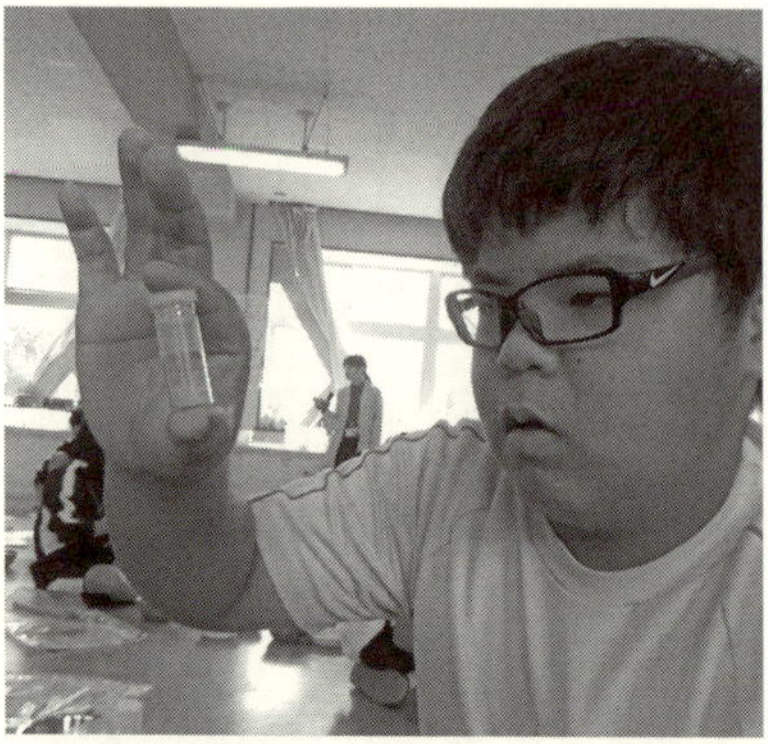

できあがった顔料を見る生徒

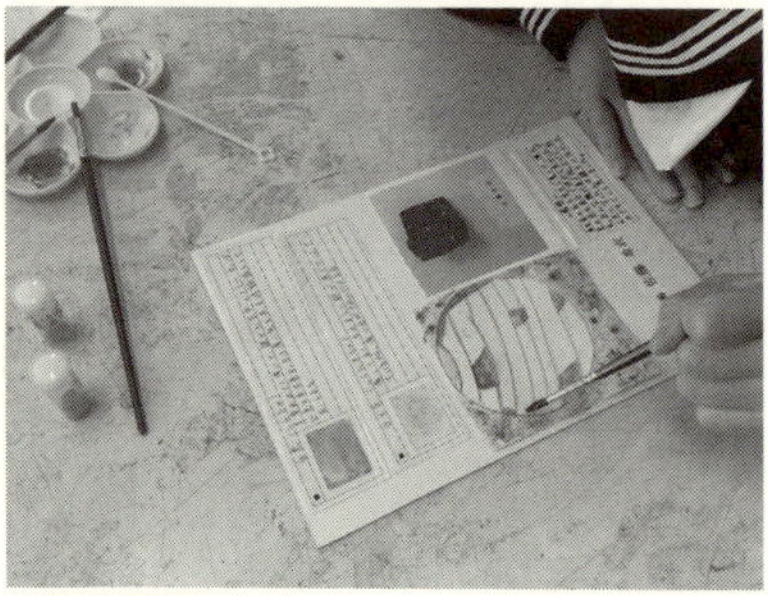

色辞典原画の作成

る色」などである。

10月30日に開催された文化祭では、91枚の「2年生津久見色辞典原画」として作品を展示した。生徒たちは、ビン詰めにされた自分たちの色を丁寧に並べていくことで、昨年の顔料とは異なり、より幅広い鮮やかな「ふるさとの色」を見比べている姿が見られ、達成感・充実感のある様子であった。他の生徒、保護者・地域の方々からも大きな注目を浴びていた。

大分県立美術館所蔵作品地域展・移動美術館

２０１７年11月24日、第一中学校体育館で、「海と大地」の生命力や神秘性、宇宙などを感じさせる作品を中心に27点を展示した「移動美術館」が実施された。展示作家は宇治山哲平、佐藤啓、福田平八郎、髙山辰雄、新名隆男、南壽敏夫、今井俊満、糸園和三郎などである。

今回の展覧会では「みる・感じるから『伝える』へ」をテーマとした。

生徒たちは、あらかじめ自分たちが紹介する「作品」について学習した。当日、「1日学芸員」として、他の生徒や一般来場者に自分の言葉で作品を紹介するためである。通常、学芸員は作品の説明や解説をする。しかし今回、中学生学芸員である生徒は「自分はこの作品をこう見たが、あなたはどう思うか?」などと問いかけ、作品について一緒に考える形式をとる。そのため、生徒には事前に「問いかけ」を考えさせた。例えば、津久見市出身の画家・

1日学芸員として作品の紹介をする生徒

南壽敏夫の「風薫る」を紹介した生徒は次のような「問いかけ」を準備し、自分なりの答えを考えた。

「なぜ建物がたくさんあるんですか?」→「ある街を表現していると思います。」
「これはどこだと思いますか?」→「ヨーロッパのどこかだと思います。」
「奥に見えるピンク色のは何だと思いますか?」→「サクラだと思います。」

当日は、生徒・保護者・教職員・近隣の小学校や高校の生徒など、529名が訪れた。生徒は、はにかみながらも、自分の言葉で作品を紹介した。中には来場した小学生に「何でも聞いてよ、何でも答えるから」と胸を張る、頼もしい姿もあった。ちなみに、先に紹介した「風薫る」の問いを考えた生徒は、当日、来場したたくさんの小学生に囲まれ「わかる?」とやさしく問いかけながら、嬉しそうに絵の紹介をしていたことが、とても強く印象に残っている。

問いかけをすることで、来場者との間に一方的でないコミュニケーションが生まれた。情報の伝達ではなく、思いを交流する中学生学芸員の姿に、たくさんの方からお褒めの言葉をいただいた。移動美術館の来場者からとったアンケートの結果を次のように整理した。

中学生

「移動は楽しかった」「中学生ガイド（1日学芸員）と一緒に作品を見ることは楽しかった」「好きな作品を見つけた」は、90パーセント以上であった。

「見方を変えればいろんなものに見える。自分と他の人の見方が全く違う。」「僕は、一番印象に残った作品は『水』と『母』です。『水』という作品は、しおりで見て思ったよりもとても大きくて、色が綺麗だったからです。しかも、ガラスのようなものでできていてとてもすごいと思いました。次に『母』という作品は、真ん中らへんに母親と思う人物が描かれていて、右上には子どもと思う人物が描かれていました。周りの暗さから、母の不安や悲しみが伝わってきました。」

教職員

「生徒は移動美術館を楽しんでいた」「中学生ガイドとして、来館者と一緒に作品を見ることに意義がある」は、90パーセント以上であった。

「Hさん、Sさんの二人が説明しているところは、見ている人が足を止めて説明を聞いていた。うなずいたり、拍手したり、一般の方が感心している様子が見られた」

一般来場者

「移動美術館は満足した」「中学生ガイドに満足した」は、90パーセント以上であった。

「中学生らしい、中学生にしか思いつかないすばらしい説明でした。」「土塊を説明していた際、作品を風景画ではなく、人の心情を表わしていると説明してくれました。明暗の理由、土塊が人の横顔になっているなど、感性が自分と違って豊かで、着眼点がすばらしいと思いました。」「いろいろな学校でこの活動が普及していけばよいと思います。」という意見や感想が多かった。

２０１７年度までの取り組みの考察

生徒の課題である「学びに向かう力」「語彙力」「表現力」については、これまでの生徒の活動や感想などから、かなりの効果があったといえる。２学期の生徒の授業評価アンケートによると「自分で考えたり調べたりする時間があった」「ペアやグループ・班での活動は楽しく有意義であった」「授業を通して津久見の良さがわかった」は97パーセント以上の生徒が肯定的な回答をしている。

教職員からは、２学期になると「移動美術館の２年生の説明に驚かされた。」「アートと言葉の学習が言語活動において有効に活用できていると感じる。」「アートと言葉で体験したことが、生徒会の演説で発揮されていた。」等の意見があり、一定の学習効果を実感している教師が増えた。

今回の研究は、「ふるさと」を強く意識しながら、「色」というわかりやすいテーマで、科学的な論証を繰り返しながら生徒の学びを深めていく活動である。「生徒の学ぶ姿」を観察することにより、これまでにない教育効果があるのではないか、という期待を感じている。

③今後の計画と課題

２０１６年に県立美術館のスクール・ミュージアムを契機としてスタートしたこの取り組みは、「津久見色辞典」を完成させ「アートと言葉」新聞を制作・発表することで、これまでの学習内容を整理する。「津久見の色・私の色」をテーマとした一連の学習の流れを通して、ふるさと津久見市について深く学ぶ予定である。学校が新たな取り組みについて深く学び合うことの連鎖を通して、学校としては、教材開発会議や学年会・職員会議、更には授業分析会議等を通した教師の学び合いを深めていく。そして、他の学校や地域への広がりを期待するものである。アートと教育の関わりについて学校現場からの学習活動事例により、学問的な整理と根拠付けのためにどこまで迫ることができるのかが課題である。

④終わりに

義務教育の段階では、しっかりとした知識と技能を身に着け、思考力・判断力・表現力を養うことが優先される。これらを素地として、個々の感性を大切にしながら多様性を受け入れ、主体的・協働的に学ぶことが求められている。

一方で、子どもたちが自分の地域に誇りを持ったり、愛着心を持ったりすることは、自信や向上心といった内面的な土台になる。しかし、現在社会では、少子高齢化が進み地域のつながりが薄れ、子どもたちは地域の自然や風土を学ぶことや、人とのコミュニケーションを交わす機会が減った。地域教材は生涯の宝物になる。市教育委員会としては、「ふるさと教育」として地域産業と連携し、自然素材等を通した体験活動を学校教育に組み込んでいる。地域に根差した「本物体験」で感じた疑問や発見が、「学びの芽生え」となって調べ学習・探究学習へと進化する。

生徒は、今回の学習を通して教科融合型学習が無意識の中で身についていく。このような「学び」が確立され、全ての学校で実施されることを切に望むものである。

2 小学校の取り組み

伊東俊昭［佐伯市立宇目緑豊小学校校長］

①学校の概要

本校は、佐伯市の中心部より西に車で30分ほどの、宮崎県との県境となる山間部に位置する宇目にある。2017年6月14日に「祖母・傾・大崩山系ユネスコ・エコパーク」に登録されたエリアが校区と重なる自然豊かな地域である。地域の面積は266・14平方キロメートル、人口2744人、高齢化率51・02パーセントの過疎地域で、椎茸栽培発祥の地であり、主な産業は椎茸、栗、ブドウ、スイートピーなどの栽培をはじめとする農業や林業である。

本校は、児童96人、7学級、職員数14人のへき地2級地の小規模校であり、本年度、統廃合により開校して8年目を迎える。本校の教育目標は「ふるさとを愛し、豊かな心と学ぶ意欲を持ち、たくましく生きる宇目っ子の育成」である。児童が自らの生き方に自信を持ち、生きる力を身につけるために、ふるさとに誇りを持ち、知・徳・体の調和のとれた成長を重ねていくことを目指している。

各種調査結果から、本校の児童は全体として自己肯定感が低く、自尊感情を高めるための取り組みの実施や、自信につながるよりどころを摑ませる必要があると分析されている。校区は広く、家に帰っても近所に遊ぶ仲間がいない児童も多い。関わる人が限られていることから、人と関わることを苦手とする児童も見られる。地域の自然や文化に目を向けさせ、その良さやすばらしさに気付かせ、地域を愛する心を育むことも課題として挙げられる。

②「地域の色・自分の色」との出会い

２０１６年４月、佐伯市教育委員会を通して「地域の色・自分の色」実行委員会から、県立美術館を管理運営する（公財）大分県芸術文化スポーツ振興財団と大分大学との連携による「地域の色・自分の色」の事業について紹介があった。

私は、児童の学びを充実させ、地域の自然に目を向け、関心を持たせながら学習するというこの事業が、本校の教育目標の一つである「ふるさとを愛し」につながるのではないかと考え、取り組むことが有益だと判断した。しかし、実際に授業を行うのは担任である。研修の時間に、県立美術館の担当者から、取り組みについてプレゼンテーションしてもらい、取り組みたい担任に手を挙げてもらった。主体性を大事にした取り組みから、徐々に広げていこうと考えたからだ。その結果、２学年担任と４学年担任、２名から手が挙がり、２０１６年度は、２学年と４学年を中心に、取り組むこととなった。

教科は図工が中心となるが、総合的な学習の時間や理科などにも関係させ、横断的な学習の機会とすることを二人の教師と話した。またこのころ、宇目振興局がユネスコ・エコパークの登録を目指した取り組みを行っていた。そこで、振興局の担当者と県立美術館と大分大学の担当者とを校長室で出会わせた。お互いの取り組みを理解させることで、二つの事業をうまく関連づけながら、地域素材を生かした取り組みとして効率的・効果的に進められるようにしたのである。

また、地域協育推進担当である研究主任及び教頭に、連絡調整を担当させようと考えた。しかし、研究発表会の準備などの多くの業務を抱えており、これに加えて連絡調整担当者を任せるのは困難であった。そのため初年度は、私が各機関の担当と連絡をとりながら、担任とのつなぎ役を行い、それを徐々に担当につなげていく体制をとることとした。

2年目は、前4学年担任に研究主任及び地域協育推進担当を命じ、引き続き4学年の担任を任せ、昨年度の取り組みを継続・進化させてもらうことにした。また、前2学年担任には、同じ学級を持ち上がってもらって、新たな試みに挑戦しながら、取り組みを継続してもらうこととした。更に、5学年の児童（1年目の4学年の児童）の担任にも、前年度の経緯を話し、新たな試みに取り組んでもらうようにした。また、2017年3月に示された新学習指導要領に基づく教育課程の編成に向け、2016年度と2017年度の取り組みの成果と課題をもとに、2018年度以降の図工や総合的な学習の時間等の学習内容に、地域の特色や学校の特色を生かした取り組みとして記載していく方向で進めていくよう、校内研究も進めている。

③美術館ワークショップの意義

市内には大学がなく、大学との交流学習が難しい。こういった状況の中で行われる美術館のワークショップは児童にとって驚きと不思議を感じられる授業となっている。目で見て、触って、体全体を通して感じることで、感性に響き、心が動かされる。このことにより、児童の学習意欲が高まっているようである。また、自ら心で感じたことを言葉にし、絵や動作で表すことで、表現力にも広がりが出てきたように感じている。担任も、以前に比べ、児童の言葉の表現に、幅の広がりを感じているそうである。

④美術館ワークショップをきっかけとした学校の取り組み

最初のワークショップは、２０１６年7月11日。大分県立美術館の指導主事と教育普及リーダーの指導により、１学年から4学年までの児童を対象に行われた。内容は、白い大きな袋状の布に、空気を閉じ込めて形を作ったり、その空間の中に入ったりしながら、目で見たり、手で触ったりして体感によって学ぶ活動だった。形や色にこれまで以上に目を向けさせることができ、物事を見る視点やものの感じ方について学ぶ機会となった。

また、４学年児童には「自分の色を創ろう」というワークショップもしていただいた。ユネスコ・エコパーク登録に関連づけ、自然観察で拾ったお気に入りの石を砕き、絵の具を作る取り組みだった。自分たちで作った絵の具を、互いに分け合い、思い思いの絵を描いた。

この取り組みの後、児童から、福祉施設を訪れるときの贈り物として、クレヨンを作りたいという話が出た。そこで、大分大学や県立美術館などの協力により、採取してきた身近な土を使って、クレヨン作りに取り組んだ。そのクレヨンを使って描いたデザイン画を、振興局の職員に紹介した。すると、ユネスコ・エコパーク登録に関する小冊子の表紙に、児童が描いた絵22枚が用いられることになった。また、ユネスコ・エコパーク登録に関する広瀬大分県知事との地域の懇談会に本校児童2名が招かれた。そして、自然観察会並びに自分たちで作ったクレヨンを使って一部を描いた絵について説明した。これは参加児童のみならず、この取り組みに参加した4学年児童の自信につながった。児童たちは、心を解放できる創造的な取り組みを行うことで、生き生きと活動し、豊かな心を育んでいるようである。

2016年11月に行われた2学年児童向けのワークショップでは、白や黒の様々な素材で作られた様々な形の素材を、並べたり、飛ばしたり、つなげたりしながら空間を飾りつける活動を行った。初めは戸惑いがちだった児童たちは、慣れてくると思い思いに仲間と協力し合いながら、楽しそうに声を上げ、笑顔で活動する姿を見せた。3学年担任の話では、このワークショップの後、児童たちは、以前より白と黒を意識するようになったようで、他の色にも興味・関心が深まったということであった。

2017年6月に「超・ぼわんぼわん　～空気のカタチで遊ぶ!・」を体育館で実施した。これは、ビニールでできた大きな袋を空気で膨らませ、触って遊ぶワークショップである。4学年担任は、それをヒントに理科の授業で実験を行った。それは、空気の暖まり方についての学習で、黒いビニール袋で作った巨大な気球を天気の良い日にグラウンドに放置し、太陽熱で暖められた気球が上昇するというものであった。

⑤児童の変容・教師の変容

児童の変容としては、土や石、植物など身近な自然に触れながら学習する活動を通じて、以前よりも通学途中や学校での生活の中で、身近な自然や色に目を向ける児童の姿が見られるようになった。例えば、私がいつもどおり、登校時間に学校近くの三叉路で児童を出迎えていると、一人の児童が、きょろきょろしながら近づいてきた。何を探しているのか尋ねてみると、「白い色がないか探しているのです。」と笑顔でこたえてきた。「地域の色・自分の色」に取り組んでいる3学年の児童だった。私が、白い花を見つけて手渡すと、嬉しそうな顔をして、大事そうに坂を駆け上がっていた。以降、図工で描く絵の色使いが変わってきた。ここで、授業実践を行った、本校の教師のコメントを紹介する。

3学年担任「児童は、この取り組みを行ってから色に対する興味・関心が高まっており、色を意識しながら生活をしているようだ。作文や発表の中の表現でも感じられる。特に、美しいという意味が広がったように感じる。具体的には、石や枯葉などの色を見て、その色の美しさに気付くようになった。色を作ることを心から楽しんでいる様子が見られる。自分の目で見た色を作るという凄さ、すばらしさを実感しながら活動できている。図工での色の使い方が、一とおりの色使いではなく、少し変わった色を作って、上手に表現する子どもが増えた。また、様々な色の存在を認識して、それらを楽しんでいる。他のものや事柄についても多様な受け止め方ができるようになり、深く見ようとする姿勢が現れつつある。身近な色を感じ取り、自然に触れてみたくなるような感性が育ってきているのではないか。」

4学年担任「子どもたちは、石や土を砕いてピグメントを作ることによって、初めて自分の手で触って、本当の色に気付き、自然の中にある身近な色に注意するようになった。ランドアートをきっかけとして、枯葉や木の実、石などを使って芸術作品にすることで、感性が培われていくように感じた。その後、積極的に自然に関わろうとする姿が見られるようになり、自然を見る視点が変わり、図工や総合的な学習の時間の中で生かされている。子どもたちのものを見る視野がより広がったような気がする。また、子どもたちが、美術館や大学の先生方と触れ合うことで、教師以外の大人と関わる機会を通じて、話の内容を理解しようと一生懸命に話を聞こうとする姿勢が見られた。」

教師の変容としては、まず教科書に記載されていることだけでなく、地域の人・物・事に目を向けて、地域素材や地域人材を生かすことで学習内容を充実させようとする意識が高まった。また、地域の素材を生かしたり、具体物を用いて学習内容の充実を図ったりする姿が増えてきている。ここでも二人のコメントを紹介する。

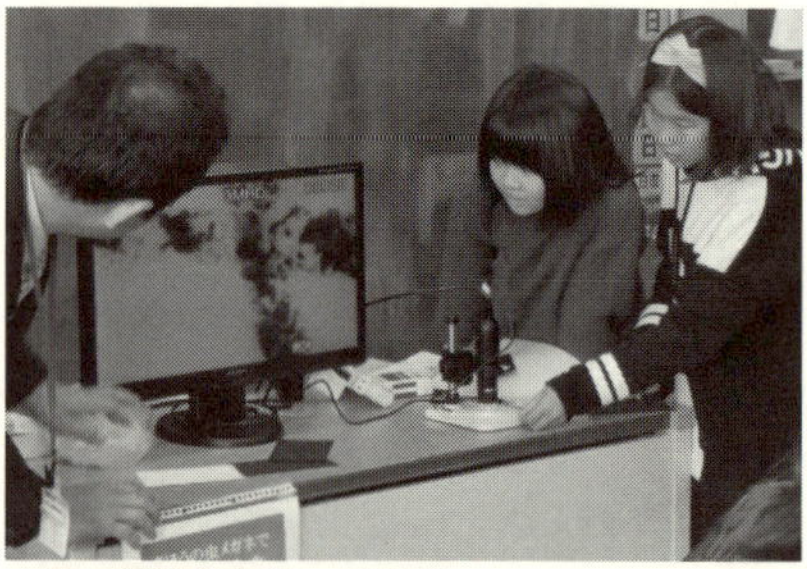

大学の顕微鏡を使って観察

3学年担任「これらの取り組みを通じて、ふと目を向けたときに、そこに美しいものがあることを自分自身が再認識した。『子どもたちに気付かせたい。子どもたちに色を感じてほしい。』と考えるようになった。色の話ができることを嬉しく感じるようになった。また、何かを見たときに、子どもたちにはどう見えるだろうか、どのように感じるだろうかと問いかけをしたくなる。身近なものに対して常に、教材として使えないかと考えるようになった。」

4学年担任「県立美術館や大分大学の職員と連携することで、高度な技術に触れることができ、自分自身の知識や技能を高めることができた。」「教師として地域の自然を取り入れた図工を行ったことは、私自身にとっても勉強になった。児童が、デザイン画に取り組むときに身の回りの自然を生かして絵を描いている様子が見られ、私にとっても図工の指導の幅を広げることができた。大きなビニールの袋に空気を入れて行ったワークショップは、理科の『空気の実験』と結びつけることができた。今まで行ったことがないことを経験することで、私も視野を広げることができた。」

⑥地域の方は、取り組みをどう見ているか、どう関わっているか

「地域の色・自分の色」の取り組みを見た保護者や地域住民は、児童が石で絵の具を作ったり、土でクレヨンを作ったりする活動は、子どもにとって、とても良い体験学習だと感じてくれている。学校評議員会議でこの取り組みについて説明をした際には、評議員から「すばらしい取り組みだ」という評価や「このような取り組みを通して、身近な自然に目を向けてふるさと宇目に誇りを持てる子どもたちになってほしい。」という声をいただいた。やはり、この取り組みは学校の教育目標に掲げている『ふるさとを愛し』に」つながる学びといえるのだろう。また、宇目振興局の職員も「ユネスコ・エコパーク」に関連する授業とつなげることで内容を充実でき、その可能性が広がるという認識をしてくれている。

⑦持続可能な教育活動に向けて

「地域の色・自分の色」の2年間の取り組みでは2016年度は主に2・4学年で実施し、2017年

度は3・4・5学年で取り組んできた。前述のとおり、それぞれの取り組みは、教師と児童の興味と関心を高め、充実した教育活動となった。児童が主体的・意欲的に活動に取り組むとともに、色に対する意識、身近な自然やものに対して注意深く見ようとする意識が育ってきたように感じる。また、専門的な実験や観察を通じて、科学的なものの考え方をする児童が出てきている。日頃の何気ない会話の中に「何で?」「どうして?」などの言葉が以前より聞かれるようになった。担任によると、「授業の話し合いの中でも物事を深く考え、発言するような姿が見られるようになった。」とのことである。

こうしたことから、継続していくことの意味を感じている。しかし2016年度以来、本校でこの取り組みの実践を行った教師は三人だけだ。つまり、外部の協力者がいたからできた取り組みにとどまっているのである。今後、持続可能な取り組みとするためには、教育課程に位置づけるとともに、どのような内容で、どのような材料や器具を使って、どのように指導したらよいかを他の教員に伝える必要がある。難しいことではないが、取り組みの成果と課題及び取り組みで得た知識と技能を共有できる研修を行う必要がある。

⑧「地域の色・自分の色」が学校にもたらしたもの

関係機関の専門的な知識や技能を生かし、より質の高い教育活動を行うことで、児童と教師の学びに対する意識が変わった。この取り組みを通して、学校の教職員及び設備だけでは実施できないような体験活動や学習が提供でき、児童の学ぶ意欲を高められたことには、大きな意味があったと考える。非日常的な学びの機会が、学習への期待感、意欲を高めることにつながっていたのである。

色は、人の営みの中でとても大切なものであるが、日頃あまり意識されていないような気がする。魚の焼き具合や果実や野菜の熟れ具合、空の色や顔色等、物事を判断するのに色は大切な要素であるが、色について学ぶ機会は、図画工作での絵の学習や、理科の実験や観察などに限られている。

日本人は、色を表す言葉を多く使い、色を意識しながら生きてきた。それは、それだけ豊かな自然の中で、季節の移り変わりを体感しながら生活してきたからだといわれている。そのことを私たちは、どれだけ感じながら生きているだろうか。このことを考えたとき、もっと学校で色を意識した学びを仕組む必要があると、この事業を通して再認識させられた。

知事とのふれあいトーク

児童は、身近な石や土から作ったピグメントを用いて絵を描くことに、驚きと喜びを感じていた。教師は、図工や総合的な学習の時間を進める視点を、より明確にできたのではないかと思う。また、教育課程の編成において、「地域の色・自分の色」の取り組みの成果と課題を生かそうとする姿が認められる。

他機関との連携・協力による教育の協働が、教育活動の充実につながる。取り組みに手応えを感じたときに、教師自身が視野を広げ、知識・技能を高めることができたと感じ、自らの実践に自信がつく。そのことが、新たな挑戦につながり、主体的な教育実践を重ねていく。そして、授業改善はもとより体験活動や各種行事の内容の充実にもつながり、より質の高い教育活動を提供することになる。つまり、この取り組みが、教師の研修の機会となっているといえる。

この取り組みを通して、教室で行った教育の成果を、教室の外の世界の人・物・事と関係を持たせ、自己実現をするために必要な人との関係や本物の体験活動を仕組んでいくことの大切さをあらためて実感した。また、教師が自分の知識や技能だけに頼り、教室の中だけで教科書だけを使って授業をするのではなく、地域を学びの場として、保護者や地域住民も先生とし、地域の自然や文化、物事を教材とした教育を実践することが大切であることに、真に気付くきっかけとなる取り組みであった。

「色」に視点を置き、「色の世界」に児童と教師を導き、新たな気付きや再発見により、身近な世界である地域に興味や関心を持たせられたのは、大きな成果である。この取り組みを行った児童と教師は、自分たちのものの見方や考え方、価値観に影響を受けたと推察できる。

課題は、この取り組みを他の教師にどのように広げるかである。授業参観や研修を通じて、情報を共有することも考えられる。しかし、取り組み内容や取り組みに必要な知識や技能を継承するには、学校だよりで紹介したり、活動の様子を掲示したり、職員室での雑談の中で取り組みの話をしたりしながら、伝えていくことが大事である。打ち合わせや振り返りを放課後や空き時間を使って、インターネットを活用したテレビ会議のような形で、情報交換をすることにより効率的・効果的に行うことも一つの手段として考えられる。

いずれにしても、児童により質の高い、内容の充実した効果的な教育活動を提供しようとする教師の意識が大事だと考える。２０１８年度以降も、「地域の色・自分の色」の取り組みを重ねる中で、他機関と連携した教育の在り方や地域の人・物・事を素材とした教育実践をより充実させることができるよう、これまで経験してきた教師を中心に、学校全体で取り組んでいけるようカリキュラムマネジメントに努めたい。

3 幼稚園の取り組み

幸野洋子［学校法人別府大学明星幼稚園園長］

感動・言葉・つながり

はじめに

大分県立美術館のアウトリーチプログラムに出会ったのは、２０１４年。私立幼稚園の会議に榎本寿紀氏が出席され美術館体験のプレゼンテーションをされた。そこには、朝倉文夫作の彫像前で猫メイクをして猫になりきった子どもたちが作品に近づいたり、飛び掛かったり、腹ばいになったりして全身で猫を味わい、かわいらしくも本物を味わうすてきな姿があった。更には、カラフルな紙テープを投げたり、丸めたりと大量で豊かな色彩に身体を委ねて幸せいっぱいな子どもたちの顔があった。

「幼稚園の子どもたちに非日常の体験、本物の体験をさせてあげたい。」「対象物に身体ごとチャレンジできる遊び、感動体験をさせてあげたい。」「郷土愛豊かな人作りに向け、幼児期のうちから色に親しませたい。」一も二もなく、アウトリーチプログラムを申し込んだのである。

明星幼稚園は、１９４７年に聖ドン・ボスコの教育精神「愛情なければ信頼なく、信頼なければ教育なし」に基づき開園した。１９９８年に学校法人別府大学に移管されたが、日々の教育にその精神は灯され続けている。運動会やクリスマス会、お泊まり保育など年間行事には丁寧に取り組み保護者の期待や信頼にこたえては来ている一方、子どもたちのダイナミックな遊びや造形活動は十分ではない感がある。

このような中、幸いなことに本幼稚園の願いは「地域の色・自分の色」実行委員会の諸氏に届くことになり、「年少・年中のうちにアウトリーチプログラムを受け、年長さんになったら県立美術館へ行く。」という仕組みで本物に触れる美術体験プログラムを享受できることになった。

①「聞こえる　聞こえる」「ぼくのメガネ」「トンネルくぐっていいよ」（2014年度）

「別府市なので竹を材料にしてみました。」榎本・木村・山本氏（子どもたちは三人を「えの」「きむきむ」「まよ」と愛称で呼ぶので以降それに準ずる）らが準備してくださったのは、いろいろな長さや太さの竹筒数千個。節ありと節なしの2種類であった。子どもの手に刺さらないようにと、切断面全てにサンドペーパーがかかり細部までの心配りに感謝であった。しかし、こんな竹筒で子どもたちが「すごい！」に出会えるのか、やや不安を感じながらの竹筒との出会いであった。

場所は体育館。全園児180名が参加しての竹筒遊びとなった。

「聞こえる　聞こえる」「ぼくのメガネ」

えのさんが竹と竹を叩く、フロアを叩く。竹をのぞいて「見えた」。耳に当てて「聞こえる」すぐさま年少組お得意の真似っこが始まる。「ブーブーっていってるよ」竹の中に音を発見。

長い竹筒に短い竹を乗せて「ぼくのメガネ。よく見えるんだ。」自分の創作物を自慢げに見せる。下から一つずつ積み高くなっていく竹。積んだ子は、途中を支える役に回る。順番を待っていたたけるくんは「ぼくも積みたい。」竹積みに参加したいたけるくんの強い思いから出た言葉にまよさんが思わず抱き上げてくれた。

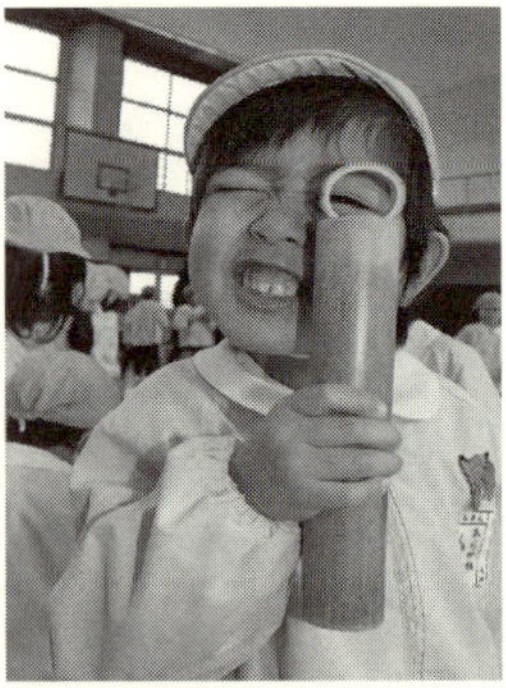
「ぼくのメガネ」

「トンネル　くぐっていいよ」（年長組）

竹筒を手にした子どもは、太さや長さに着眼してすぐにつなぎはじめた。自分がつなぐと、「ここに乗せていいよ。」隣の友達に声をかける。隣の子にもその隣の子にも。少しずつ高くなると、両手に竹を持って順番を待つ子どもたちの姿。竹筒には節があったり、太さに大きな差異があったりすることで、子どもたちがつなぎ合わせた竹は、面白いことに途中でカーブを描きはじめ、竹筒が崩れ落ちそうになった。「わたし、ここしっかり持ってるから」子どもたちの機転はすばらしく、カーブしたところの竹筒を両手で真剣に握っている。

二つのクラスで積み重ね、つなげるうちにカーブを見せた竹筒。と、カーブした竹筒の塔が向き合う瞬間がやってきた。「つなごう！」別々に竹筒で遊んでいた子どもたちに共通の目的が生まれた。お互いの竹筒の先端を見つめ「つなごっ！　つなごっ！」大合唱の中でも手先は丁寧に竹筒をつなげる作業が続いている。根っ子を支える子。カーブを握りしめる子、傍で小躍りしな

「できた！　トンネル」（2014 年長組）

がら完成を願う子、その中でなんとアーチが完成。「できたぁ　トンネルトンネル！」年長の歓声ととびきりの笑顔。そして「くぐっていいよ。」年少・年中に裾分けしようと言う。

数十センチメートルのただの竹筒が、まさかアーチに変身するとは。園児の創造力に驚いた私たちではあるが、自分たちの遊びの力を実感したのは子どもたち自身であったように思われた。そして、何より美術館の方々の、節の有無を見通しての素材選択に驚き、感謝したいと思った。

②「黒い　こいのぼり！」「虹色シャワー！」（２０１５年度）

開館前のアウトリーチのプログラムは、予期しないダイナミックな遊びを子どもたちから引き出した。私たちの幼稚園は、更にダイナミックな遊びを体験させたい思いから事業の継続を希望した。願いは叶い、これから3年間継続して取り組むこととなる。

折しも、大学法人には、所属学校に向けて「特色ある教育活動」を支援するＧＰ制度（特別強化事業助成制度）が設けられた。県立美術館との連携事業で材料費のみで享受できる上、法人からも毎年支援を受けることとなった。

びじゅつかんの旅じたく　超ぽわんぽわん（年少・年中組）

この日、県立美術館の方には、３種類のビニールを準備していただいた。まずは、買い物袋。膨らませて風船のようにポンポンとつきあげ楽しんでいる。ゆっくり落ちてくる速度は年少にもやさしく、ゆった

「ポワーンポワーン」（2015 年少・年中組）

りしたビニールの動きに合わせ一人で、または、教師と一緒に楽しんでいる。

次は、5メートルほどにつなげた黒い筒状のビニール袋。ビニールを持って体育館を走り回る。どんどん走ると空気が入り、袋がだんだん膨らんでくる。「黒いよ。丸くなった。黒いこいのぼり」誰が言い出したか、「黒いこいのぼり」と命名されていた。黒いこいのぼりは、体育館に歓声と共に泳いでいる。

最後は、12・5メートル四方の巨大ビニール袋。子どもたちをビニールの周囲に座らせ送風機で膨らませていく。目の前のビニールが膨らんでくると、叩いてみたり押してみたり、一方、驚いたのか後ずさりする子も。そのうち巨大ビニールは大きく膨らみ、体育館の2分の1ほどの巨大風船に。「でっけぇ」更に強く押したりグーパンチをしたり果敢に力比べに挑んでいる。「みんなで運ぶよ」「いえーい！」と触れることの欲求が満たされる。しっかり持ち上げないと押しつぶされる。よろよろしながらも巨大風船を動かしていく。「うわぁー動いた」「重たいよ」「落ちてくる」「中に入ってみたい」動いたことの驚き、動かせた自分たちへの称讃、ここでも体験に裏打ちされた言葉が生まれた。

びじゅつかんの旅　コロコロピンポン（**3000個のピン球で年長組**）

前年竹で遊んだ子どもたちは「今日は何で遊ぶ?」美術館の旅に意欲満々。オレンジ色のピンポン球1個を転がす、つくことでオレンジ色を楽しむ。次はえのさんが袋いっぱいのオレンジ球を降らせてくれる。「オレンジ色の雨！」手を広げオレンジ色を満喫する。

３番目のプレゼントは、なんと３０００個のカラフルピンポン球。赤青黄緑オレンジ色が入り混じって降りかかる。「もう1回」「もう1回」、降ってくる度に歓声が上がる。と「虹色シャワー！」極めつけの言葉が生まれた。カラフル世界を虹色と表現する。両手にこぼれるほどに集める。両足を広げて集める。カラフルピンポン球の中を走る。「こんなきれいな色、初めて」カラフルな世界に友達と一緒に溶け込む子どもたち。

③「綿菓子に乗って」「雲の中」（２０１６年度）

「面白かったよね」「大きいものが出てくるよ」昨年の超巨大ビニールを経験した年中組は、えのさんの顔をくいいるように見つめている。今日の活動をとても楽しみに待っていたことがわかる。

びじゅつかんの旅じたく　ぱたふわ（年少・年中組）

えのさんとまよさんが、幅90センチメートル、長さ5メートルほどのロールの和紙を広げる。持ち上げて手を放す。和紙は手を離れふわふわ飛んでいく。子どもたちは、和紙のゆっくりした動きに見とれる。真似して紙を投げ上げ、手を伸ばし摑んだりする。次は、握り込んでクシャクシャに縮めていく。ガシャガシャ和紙のやさしい音がする。もう一度上に投げると、縮んだ和紙は広がりながら舞いおりてくる。「あっ綿菓子」「雲の塊」形を変えた和紙に飛びついている。次はA３ほどの和紙が一人ひとりに配られる。しわをつけて上に投げるとやはりゆっくり落ちてくる。和紙を下から吹いてみると、あっちにゆらゆらこっちにゆらゆら。団扇が用意されている。手よりも口よりも風を送ることができる。しわの入ったクシャクシャの和紙を扇ぐ。軽量の和紙はやさしく扇ぐとゆっくり動き、強くすると音も立てずすぅと飛び、子どもたちを遊びに誘う。和紙に風を送り「紙の散歩」「公園までいきます」ペットや友達を追っかけるように遊んでいる。

そして、最後は体育館の半分もある巨大和紙。周囲をみんなで持って浮かせたり、風を入れて膨らませたり。あまりにも大きいので簡単には膨らまない。何回も、最大に力を出し挑戦。やっと丸く膨らんだ和紙のドームにもぐる。大きな和紙もクシャクシャにもみ込んで塊にする。塊を見ると上に乗りたくなるのが子ども。初めに作った塊も持ってくると、更に大きな和紙の山が出現する。

「もぐってみよう」（2016 年少・年中組）

柔らかな和紙の塊に体を預けている。

びじゅつかんの旅　「ふわもこ」　～美術館で遊ぶ～（年長組）

まず、年長組が楽しんだのは、直径7メートルの大布。全員で周囲を持って膨らませる。柔らかなシルク風の布の感触を味わう。膨らんでドームになった布の中で「キャンプだ。キャンプだ」白い空間を楽しむ。もう一度みんなで膨らませ、今度は、素足になって布の上を歩く。踏んだ布はへこみ、周囲が膨らむ。布の柔らかな質感が足にも頬にも伝わる。「雲、雲、雲」楽しい体験は感動を共有して言葉を生む。

入館時、いち早く目をつけていた大きなたまごとの出会い。子どもたちは走り寄る。一人で揺らしてみるが、びくともしない。数人がかりで挑むと倒れてしまいそうになり慌てる。『起き上がりこぼし』の原理なのでゆっくりもとに戻る巨大たまご。心配そうに見ていた子どもたちも一安心。虫見つけ天才の目は、たまごに描かれた虫へ。

④「くるくるしよう」「やってみよう」（2017年度）

びじゅつかんの旅じたく　ミリオンジャンプ　～ピンポン球で遊ぶ～（年少　年中組）

県立美術館の方々が準備してくださったのはピンポン球。頭上に降ってきた無数のピン球にジャンプ、手が出る、拾い集める、友達とくらべっこする。白い世界を体験する。次はオレンジ色。数の多さと鮮やかなオレンジ色のピンポン球に両手を挙げ、全身で色を浴びている。「きれい。きれい」数人で集め合い、オレンジ色を塊で見つめる。近くにいた県立美術館のスタッフさんにも投げてオレンジ色体験をシェアしている。本当の楽しさは、すぐに人に分けてあげたくなる。

「今度は、自分色のピン球を作るんだよ」えのさんからの呼びかけに子どもたちは、色鉛筆で模様つけを始める。好きな色をつけたり、絵を描いたりしてできあがると「くるくるしよう！」オレンジ色のように鮮やかではないが、仕上がったピン球に大満足する。回したり、転がしたりと体育館を駆け回る。最後は、カラフルピン球を出してもらって「きれい！」身体ごとピン球の中

「くるくるしよう」（2017年少・年中組）

へダイビングする。

びじゅつかんの旅「星の形になって見ようよ」（年長組）

年少ではビニール袋、年中では和紙と様々なサイズや形での遊びを堪能してきた年長組。美術館への旅を心待ちにしてきた。「大好きなえの、きむきむが待っていてくれる」「美術館ってどんなところ?・」白い美術館を前にワクワク顔、これからの出会いにアンテナを張っている子どもたちであった。

いつも一番人気は、底に魚が泳いでいたり、硬貨が沈んでいたりするアクリルプールだが、子どもたちによって遊び方の違いを見せる。子どもたちは、掬った魚か硬貨をプレゼントしているのだろうか。後方の男児は釣りを楽しんでいる。一方、「背およぎしよう」と水泳大会に発展しているグループも。何に見立てるのか、どんな役をするのか、主役は子どもたち自身であり、友達が一緒である。

「水、流せる？」

「赤いピーマン、やられるかも?・」天庭にある野菜のオブジェを見ていたときのことである。ここには、大ぶりな玉ねぎ・かぼちゃ・その中に赤くて大きなピーマンがある。ピーマンを食べることはできるが、色も大きさも強烈なので「自分には無理?・」それが「やられるかも?・」。見たままの感動は、本当に面白い言葉を生み出す。

天庭の天井は高く、太い樹の幹をそのまま使用して金具で留めてある。天井の造りは、たしかに安倍晴明の祈祷紋のような形をしている。子どもたちは「星の形だね」と。園名から「星」という言葉に敏感な明星幼稚園の子どもたち。運動会の組体操にも星を取り入れた。何よりかわいらしいのは、「わたしたちも星の形になろう」星の形状とはいいにくいけれど、造りと一体化して天井を見る子どもたちの気持ちである。

そして、常設展示室。頭頂部には竜を乗せ、塔全体に様々な彫刻。途中の彫刻に剣やドクロ風な要素を見つけたえりかさんは「海賊船みたい。」像全体に斜めに切り込まれた溝に着目したそうたくんは「水、流せる?・」部分を見る、全体を見る、作品を自分の目で感じている。

おわりに

素材の前では「面白いね。」「もっとしたいね。」「ねぇいっしょにしよう」「やったぁ。」「えーっ」「すごい」と、子どもたちの感じ方は、すこぶる自由であった。感じ方は「何でもあり」が受容されるアートの世界。心も体も解放され無心に向かい合う世界、そこで子どもたちは一番の笑顔を見せてきた。アートはこんな力を持つ。

子どもたちは、遊びの中からみずみずしい言葉を生み出してきた。感動体験を共にした敏感で、柔軟な心は、友達の発した言葉をいち早く受け止める。「トンネル　トンネル」「うわー　虹色シャワーだ」と連呼しながら、言葉と楽しさを共有して遊ぶ姿を多くの場面で見かけた。言葉は、子どもたちに状況認識や共通の目的を持たせるのであろう。遊びの途中に明確な言葉が生まれると、周囲の子どもたちを巻き込んで遊びが発展する。「虹色シャワー」は、次の年長組も期待しているようであった。アートの世界は、子どもの言葉を生み、子どもをつなげる力を持つ。

「幼児期のうちから色に親しみを」「本物の体験を」と願ってスタートしたこの事業は、私たちの期待どおり、子どもたちを存分にアートの世界へ誘っていただいた。

卒園生で小学校2年生の男子は「虹色ピン球はびっくりしたね。初めて見たよ。今でも虹色が降ってくるのが見える。」と記憶に留めている。また、同じく3年生女子は、「よくつないだよね……。年少さんもくぐらせてあげたよね。」と話してくれる。

どの子も明星幼稚園でのアートの体験を大切に感じて今を過ごしている。アートを楽しみ、友達とつながり合える子ども、大人になってほしいと願うばかりである。

4 盲学校の取り組み――視覚障害のある者と「色」

魚形幸助［大分県立盲学校校長］

①盲学校ってどんな学校？　まったく見えないの？

大分県立盲学校は、１９０８年に設立された大分県唯一の視覚障害のある幼児児童生徒のための学校で、現在（２０１８年１月）、幼稚部２名、小学部６名、中学部５名、高等部普通科２名、専攻科12名の全27名、年齢は３歳から58歳の幼児児童生徒が在籍。専攻科は、あんまマッサージ指圧師の国家資格試験の受験資格を得られる保健理療科と鍼師灸師を加えた三療師の受験資格を得られる理療科があり、高校卒業後３年間の課程である。

視力・見え方も様々で、全盲（光も感じない）・光覚弁（光は感じる）・手動弁（手や人の動きがわかる）などの活字が読めず点字を使用する者が10名、矯正視力が０・３以下の弱視が17名であるが、中には視野が角度10度ほどの者や中心暗転（視野の中心付近が見えない）の者もいる。

本校の幼児児童生徒は生活自立と社会自立を目指して学習している。生活自立とは、一人で生活や移動ができるように、点字の読み書きや白杖を用いた歩き方、食事などの日常生活に必要なスキルを身につけることで、社会自立とは、就労し経済的に自立することである。本校専攻科の卒業生は、三療師（あんま鍼灸）の資格を取得し鍼灸院やヘルスキーパーとして企業や施設へ就職する他に筑波大学理療科教員養成施設に進学し理療科教員を目指す者もいる。高等部普通科の生徒は、準ずる教育を受け、本校専攻科へ進学する者、大学進学（昨年度、全盲生が西南学院英文科に進学）する者、または企業に就職する者がいる。

②盲学校が「色についての実践校」に指定される

２０１４年度（平成26年度）から、「地域の色・自分の色」実行委員会の支援を受け、大分県立美術館の教育普及活動として視覚障害のある児童に「触る・聞く・感じる」をテーマにした楽しい授業（ワークショップ）を行っている。研究「幼小期における地域の色をテーマとした教科融合型学習の開発」に係る教育実践校に指定を受けたときには、「どうして盲学校が?」と校長である私も疑問を持ったように、見えない・見えにくい盲学校の児童対象に「色」をテーマにした研究ができるかと多くの関係者も同様に疑問を持ったが、実行委員会の方々から「研究の実践校に指定したい。」と意欲的かつ熱心に要望された。今は、声をかけていただいたことに感謝している。

皆さんは、「盲学校と色」の関係はどのようなものと思っているだろうか?　触る・聞く・感じることができる美術作品は存在するが「色」は触れない・聞こえない・感じられないと思われるだろうか?　先天盲（生まれながらにして全盲）の方にとって「色」とはどのようなものなのだろうか?

③見えない人の「色」の感じ方は？

本校には、14名の視覚障害のある職員が勤務している。その中のⅠ教諭（20代・女性）は生まれつき光も感じない全盲（先天盲）で独り住まいであるが、毎日着ている服装はカラーコーディネートされたおしゃれでかわいらしい女性である。彼女に「色」について質問すると驚愕の返答があった。

Ⅰ教諭は、北海道登別市出身、7か月の早産で体重710グラムの未熟児で生まれ、眼疾は未熟児網膜症。彼女は幼稚部から高等部専攻科まで北海道で過ごし、その後筑波大学理療科教員養成施設（2年制）を卒業し、2012（平成24）年より大分県教職員となり大分県立盲学校に配属された。

彼女の「色」と出会いは小学部3年生のとき。担任の先生が図工の時間に「今日から『色辞典』を作るよ。まずは茶色、あなたの周りにあるものから始めましょう。」と画用紙に点字で茶色と書き、土、粘土、樹皮の現物を触らせてくれた。「茶色は自然のものが多いね。赤はりんご、いちご、火、信号機の止まれ、赤は暖かい色だよ。緑は木や草、安心感のある色だよ。青は水、空、海、信号機の進め、冷たい感じのする色だよ。黄色はバナナ、レモン、信号機の注意、明るいけどトゲトゲしいキツイ色だよ。」と、色の仲間を集めて6色、12色と色辞典が増えて、現在は24色ほど認識しているそうである。

彼女は小学部4年生のときに担任に「自分で服を選んでみたら。」と勧められ、「色の組み合わせ」の知識を身につけていく。上下の着衣の色の組み合わせの良し悪しやどのような印象になるのかを母親、妹、担任、友人の意見をもとに作っていった。それは色相環図のようなものなのであろう。今は、ズボンの色を黒系やグレー、ベージュを基本に上着を白、赤、黄色として襟から見えるシャツに柄物を合わせるなどと考えているようである。一人暮らしの大分では、行きつけのショップの店員さんと話し合いながら購入しているそうで、服の肌触りや着心地の他これまで購入したものとの組み合わせについて「これとあれが合うね。外出の場合はこの花柄のネックウォーマーを合わせて。」などの知識を蓄積している。

家では、ハンガーに点字で「赤」「白」とシールを貼ってクローゼットに掛け、毎朝、色の組み合わせを考えながら選んで着ているそうで、「今日は寒いので、雪柄のセーターを重ね着しよう。」と考えるのは楽しいと話している。「パステルカラーなどの曖昧な色はイメージできない。サーモンピンクやショッキングピンクなども苦手だ。」そうである。

もう一つ驚いたことは、I教諭は、「絵を観るのが好き」。「美術館に行って学芸員の方から絵の説明を聞くのが好きなんです。平山郁夫、棟方志功、仏教画が好きです。西洋画よりも日本画が好き、特に水墨画は香りが大好き。墨だけで空・山・水を表し、奥行きや水の流れまでも表すことができ、観るものに天然色（カラー）をイメージさせるのは全盲の私が絵の説明を聞いて立体・空間・色をイメージすることに通じている。」と話してくれた。

④大分県立美術館との連携（3年間の出張授業ワークショップの紹介）

第1回目（2014年度）木や石、自然のものに関するワークショップ「凸凹石と積み木っ端」

幼小学部全員7名（盲児3名含む）参加。地域の石や木材を使った美術体験を行い、凹凸や温度、重さの違いを体感した。木片を握ったり、木や石の合わせ打つ音に耳を傾けたりする姿が見られた。また、「木や石で遊ぶ事はあんまりなかったけど、いろいろな大きさ、形、感触で、音の違いが楽しかった。また遊びたい」という児童の感想があった。

第2回目（2015年度）ふんわりふわふわ（ビニール遊び）ワークショップ「空気のカタチを追いかける！」

小学部全員7名（盲児4名含む）参加。ビニール袋に空気を入れて、ダイナミックに遊ぶプログラムだった。初めは小さなビニールを詰めたり、空気を入れたりして遊んだ。徐々にビニール袋を大きくしていき、最後には自分よりも大きなビニールに布団乾燥機で空気を入れていった。大きなビニールに空気が入ると、子どもたちがビニールの上に飛び乗り、これまでの授業では見たことのない表情で、ダイナミックな動きをし、大きな歓声を出して楽しそうに遊んでいた。

第3回目（2016年度）音を使った音遊びワークショップ「音で遊ぶ」

小学部6名（盲児4名を含む）参加。音具から出る音を聞き、どんな形のものから音が出ているのかを想像し、触って確認したり、鈴や、気の抜けた音がする棒、カエルの形の楽器、宇宙の音がするという缶二つの間にバネがついているものを触って確かめたりした。柱二つの間にテグスをつなぎ、一人ずつ持っていた紙コップの底のテグスを、柱の間のテグスとつなぎ、手に水をつけてテグスを擦ったり、スプーン2本を使って、握り方による音の違いを確認したりした。糸電話のように耳にコップを当てて、スプーンの振動音を感じ取ったり、コップに口を当てて言葉を発したりした。活動中は、いろいろと想像しながら、触って楽しんでいた様子が見られた。子ども一人ひとりが、触って確認したり耳を澄ませたり、それぞれの方法で音や振動を楽しむことができた。

⑤「色」をテーマとした学習「色辞典を作ろう」

対象児は、小学部4年生の視覚障害単一学級在籍の盲児童H君である。点字教科書を使い、小学校と同じ教科内容（準ずる教育）の授業を受けている。右目の上右部にごくわずかな視野があり対象物を右目の右側にくっつけて見ると、カードゲームの数字や、濃い色がわかる様子である。歩くときも、壁や点字ブロックの線がなんとか認知できるほどで、人の表情や信号機の色までは見えていない。3年生のときには、赤と緑は違いがわかりにくく、黄色、ピンク、薄い色は白に見える。コントラストが低いと、黒っぽい色に見える。知識としては7色、黒、白、茶、ピンク等知っていたが識別は3色であった。

２０１７年度本研究では、大分大学の藤井先生、県立美術館の木村先生と以下の三つのステップで「色辞典」作りに取り組んだ。

1. 色を読み上げる機械（カラリーノとにじいろリーダ）を使って色を知る。
2. 一般的な知識としての色と感じ方や印象について学習し、「色辞典」を作る。
3. 色について自己表現する方法（コーディネートなど）の経験を増やす。

色辞典の授業の前に県立美術館へ行き、美術館はどのようなところなのか、どのような作品があるのかを確認した。木村先生に腕を広げて「これくらいの大きさ」と教えてもらい、どんなことが描かれているか説明していただいた。濃い水色の大きな絵の前で、「この絵、好き。好きな色。水色だ。」とH君が自分から指を指して言った。大きくて、見えやすい色を自分から見つけることができたことが驚きだった。

2回目は、10月に本校の理療科の全盲のI教諭と三人で伺った。一緒に行ったI教諭が、会話をしながら絵の情景を思い浮かべていることがわかり、自分でも「どんな感じ?」と尋ねていた。その日の日記には、「一番ぼくが気にいった絵は、深緑色と黄色を使った春の絵です。葉っぱや花が青々と感じが伝わってくる絵でした。他にも尖った木が空に突き刺すように伸びている絵や馬が3頭草むらに並んでいる絵がありました。今日1日でいろんな色と出会って、いろんな好きな絵がみつけられたような気がします。」と書かれていた。色の興味が深まったと感じた。

「緑」のイメージを掴む

1回目（11月）の色辞典の授業は県立美術館に行ったときに興味を持った「緑色」を行った。緑色のものは、何があるのか、実際に嗅いだり、触ったりした。「カラリーノ」や「にじいろリーダ」という色を音声で教えてくれる機械を使って色を確認していった。「これも緑なの?」と緑色だと思っていなかったものもあった。緑色の中にも濃い緑から薄い緑まであることに気付き、薄い緑から濃い緑まで順番に並べていた。日記には、「今日は、緑色について学びました。ねぎ、キャベツ、しそ、ゆず、かぼす、きんかん、ブドウ、キウイ、きゅうりを触りました。一番緑だと感じたものは、きんかんです。その理由は、きんかんは、初めて見たので、とても緑のイメージが伝わってきました。うすいみどり、ややうすいみどり、きいろがかったみどり、ややこいみどり、こいみどり、くろみどり、みどりはいろいろな色があるんだなあと思いました。」後日、緑色であったきんかんは熟すと、「色が変わった。薄くなった。」と言っていた。

2回目（12月）の色辞典の授業「茶色」が行われた。始まる前は、「茶色のものなんてほとんどないよ」と言っていたが、授業中に口に入れるとおいしいものが多かったので、「茶色はおいしい色かもしれないね」と言葉かけをした。日記には、「今日は茶色の勉強をしました。茶色の物をたくさん触りました。茶色には、黄色や赤やオレンジが関係していることがわかりました。一番おもしろかったものは、食パンです。食パンは最初は生地がふわふわしていてベージュだったけど、焼くと生地がざらざらに色が茶色になりました。なんで茶色になるんだろうと不思議に思いました。ほかにもチョコや石やアーモンドなどを触りました。茶色はさびしい色だと思っていたけど、いろいろなものに茶色が使われていることがわかりました。」と書かれていた。茶色が魅力的なものになったようだ。週末の日記には、「今日は、ぼくのギターを買いに行きました。濃い茶色のアコースティックギターに決まりました。」とあった。自分のものの「色」を日記に書くことは初めてであった。

3回目（12月）は好きな色である「青色」であった。青色のものは自然界には触れるものがほとんどないので、教室の中で青色のものを探した。教科書の色やファイルなど人工物が多かったが、持ってきてもらった石などには、青色があることがわかった。感想には、「青は、あまり自然にはあまりないんだなあと思いました。でも宝石や原石などは青が多いことがわかりました。今度は自然の青を自分で探してみます。」とあり、興味があり、やってみたいという気持ちが生まれたことがわかる。

これまで、3回の「色辞典」の授業を行ってきたが、学校で多くのものにカラリーノやにじいろリーダを使って色を確認することや、図工の授業で前よりも色について気にするところが増えてきた。また、食べ物などは、それまで色を意識したことがなかったが、そのようなこれまで興味がなかったことにも、着実に広がってきているのではないだろうか。自分が思っている色との違いをにじいろリーダやカラリーノを使うことで確認できている。また、機械を使うことで、茶色は黄色と赤色に関係があるなど、発見できることもある。知識としての色が入っているという実感がある。引き続き続けていき、ものの色を覚えたり、服のコーディネートの色を自分で考えたりできるようにして、対象児の世界を広げていきたい。

⑥「色覚異常」は色が見えないの？

さて、わたくし大分県立盲学校長の魚形幸助（57歳男性）は、いわゆる「色覚異常者」である。私の小学校時代は、毎年、色覚検査が行われていた。小さな丸が数百個、赤や緑の色で濃い丸や薄い丸が散らばっている「石原式色覚異常検査表」を見せられて、担当教師「これ見える？」。私「5です。」担当教師「……（無言）」。後ろにいた級友「えっ、8が5に見えるの？」。担当教師「次、これは何に見える？」。私「4です。」。担当教師「これは見えんでいいの。君は色覚異常だよ。」と毎年同じことを言われた嫌な思い出として今も鮮明に記憶している。私は、高等学校の教師になってまもなく保健室を訪ね「色覚異常検査表を貸してください。」と手に入れてまじまじと食い入るように見ると、一つ一つの丸の色は「赤、薄い緑、茶色、青緑…」と色の識別はできるのだが、大きな円を30センチメートルほど離して見たら「8」にはどうしても見えない。私にとってはだまし絵のようであった。

1999（平成11）年ごろに名古屋の眼科医の高柳泰世先生とお話しする機会があり「色覚異常」について知識を得ることができた。学校用の「石原式色覚異常検査表」は男性の約4・5パーセントいる色覚異常の遺伝子を持つ者を一人も逃がさず一網打尽に見つけることができるが、「色盲や色弱」「赤色盲や緑色盲など」といった程度や種類の判定はできないのである。程度の判定にはアロマロスコープやパネルD15という検査機器の検査が必要で、私はパネルD15による検査で15個の色を全て順番どおり並べることができ「軽度の色弱、日常生活に支障はないでしょう。（大分大学医学部附属病院眼科）」という結果であった。

⑦色覚異常者と健常者の見え方の違いはどのようなものなのでしょう？

高柳先生は「色覚異常」といういい方をせずに「色覚特性」とおっしゃっていた。私は、パネルD15が完璧にできたように一つひとつの色はある程度判別することはできるが、「石原式」などの色覚検査表では全く違うものに見えているのである。私の目は「色細胞」の機能が弱く、検査表のように多色濃淡混合の検査表を見たときに「色相」よりも「明度」を優先していると思われる。健常者が濃い赤や薄い赤をたどって「8」と見えているものが、私の目は明度（濃淡）を優先するため「5」と見えているようである。皆さんも「絵の中に何が見えますか？」と白黒の絵を見せられて、黒いところを意識するとパンダに見えるが見方を変えると男女2名が踊っているようにも見えたといった経験があるだろう。同じ絵でも見え方が変わるのである。「赤色」に認識が弱い私も、夕焼けや紅葉を見たときは、美しいと感じる。赤や黄色の色と明暗のコントラストを強く感じているかもしれない。私の好きなオランジュリー美術館のモネの睡蓮は皆さんにはどのように見えているのだろう?と尋ねてみたい。また次のような例がある。ミクロネシア連邦に12人に1人の割合で色相がなく白黒の世界の人がいるピンゲラップ島という島があり、彼らは明暗に対する感覚に優れているため、夜に漁を行うときに魚のヒレや鱗が反射するわずかな月明かりが見えることから漁師として非常に優秀であるという。また、聞いた話であるが、戦時中、戦闘機から森の中の迷彩柄で覆った建物などは健常者には見えづらいが「色覚異常」の者にとっては明暗がはっきりしていてわかりやすいものだったそうで、「色覚異常者」に秘密基地が見つかってしまった、という笑い話のような話もある。「色覚異常者」には、そうでない人には見えないものが見えていると考えることもできる。

⑧研究を通して感じたこと

高柳先生が「色覚特性」であるとおっしゃったことは、今回の研究のテーマ「幼小期における地域の色をテーマとした教科融合型学習の開発」において「地域の色」「自分の色」を探すことに通じていると考えられる。先天盲のI教諭、少しだけ光や色を感じ取れるH君、「色覚異常者」の私、そして皆さんも見ているものは同じでも、見え方が違う、感じ方が違う、想像するものが違う。そもそも、芸術は作品から無限の広がりや新たな発見をその人なりにできるものである。視覚に障害があっても、色辞典を増やし想像を膨らませ、感性を鋭敏にすることが「自分の色」を発見することにつながるのだと思う。

この研究に大分県立盲学校を参加させていただいたことで、多くの発見があり、多くのことを学んだ。全盲の児童に対し「見えないからわからないだろう。」と私たち教師や保護者があきらめると、子どもも「見えないからわからなくてもしょうがない。」と考えてしまい、努力をせず、世界を広げることができないままになってしまう。子どもたちは、一つ発見すると二つ目を発見したいと思い、一つできるようになると次もできるんじゃないかと頑張れる。私は日頃から「ライバルは過去の自分だ。昨日の自分を超えていこう。」と話をしている。ハンディキャップのある子どもも過去の自分と比べることは困難ではないと思う。昨日の自分を超えると「新しい自分」を発見することに違いない。

子どもたちの成長のきっかけや場面を提供していただいたこの研究は大分県立盲学校にとって貴重なかつ有意義なものであった。今後も引き続き実行委員会の支援により、県立美術館との連携を続けさせていただき、子どもたちが、色を触り、色を聞き、色を感じて「新しい自分」の発見を幾度も体験してほしいと願っている。

4

大分県立美術館と学校連携の取り組み

1 「美術ってすげぇ」のまなざし
――子どもが変わる　教師が変わる　保護者が変わる

照山龍治［「地域の色・自分の色」実行委員会委員長］

公益財団法人大分県芸術文化スポーツ振興財団（大分県立美術館）の使命は、「芸術文化を活用して、人材育成と地域振興を行う」ことである。そして、財団に事務局を置く「地域の色・自分の色」実行委員会の私たちは、「美術館機能を広く学校教育で活用してほしい」「色という視点でふるさとのすばらしさを子どもたちに再発見してほしい」「そこで生まれ育った自分の良さを再確認し、ふるさとと自分に誇りを持ってほしい」ということを願っている。この使命と願いが融合し、化学反応が起き、今、何かが生まれようとしている。

地域や学校・施設の特性や課題を取り入れながら、「色」を通してふるさとの美しさやすばらしさ、そして自分の良さを再発見していこうという、この取り組みは、姫島小・中学校から始まり、科学研究費助成事業の採択や多くの方の評価を得られるまでに成長した。更に、この取り組みを始めて以降、姫島小・中学校の学力は上がっているそうで、これも含めて大分大学と教育効果の検証のための研究を行っている。

当初は取り組みを一緒にやってくれる学校を探し、大分県内を走り回っていたというのに、今では意欲的であり、支援体制も整った心強い拠点校が、県下各地の小・中学校を中心に生まれ続けている。それぞれの拠点校は、私たちが掲げるテーマのもと、各市町村や市町村教育委員会も巻き込みながら、その地域、学校の独自性も取り入れ、その地域や学校ならではの活動を始めている。

県南部、エコパークの認定を受けて学校ぐるみで地域の人・物・事に目を向け、地域の素材や地域の人材を活用することで学習の内容を充実させようと校長が率先して取り組む佐伯市立宇目緑豊小学校。県中央部、視覚に障害のある子どもたちに色を触らせ、色を聞かせ、色を感じさせたいと、校長が率先して取り組む大分県立盲学校。県東部、地元の自治体や教育委員会の強い意向を受け、地域の特異な地質・地形を宇宙塵とも関連づけながら、「色」という視点から子どもたちに鉱工業の街の美しさすばらしさを理解させたいという津久見市立第一中学校。

拠点校は小・中学校に限らない。幼児教育に美術館機能を活用したいという考えが、教員養成課程を持つ別府大学と一致し、実行委員会と共同で仕組みを構築。その仕組みの効果検証と改善に向けて、園長が率先して取り組む別府大学附属明星幼稚園も、その一つである。

この4校園は、前章でそれぞれの取り組みについて述べていただいたところだが、もちろん他にもある。例えば、県西部の、日田市立津江小学校。ここでは、周辺町村を合併した市の強い意向で、旧村の地域振興に向け、阿蘇火砕流などで生まれた地域の特異な地質・地形のすばらしさを「色」という視点で子どもたちに理解させ、山合いの地域に誇りを持たせようと取り組んでいる。

そして、この取り組みは、学校から始まり、保護者や地域の人々、そして行政をも巻き込み、地域ぐるみの教育へと成長していく。

子どもたちが、地元の素材から顔料や染料などの「色」を作る。それを使って、絵を描き、布を染め、字を書いたとき、「うまくできた」「美しい」「きれい」と子どもたちは瞳を輝かせる。帰宅後、子どもたちは家族にその体験を話す。そして「最近、子どもが『色』の話をするようになった。なぜかな。」と、保護者の間で噂になる。そうしている間に、新聞やテレビで、子どもたちの取り組みが報道される。例えば、姫島村では、地元のケーブルテレビがこの取り組みの様子を、1日9回、5日間放送する。これを見た保護者は「こういう取り組みをしたのか」と納得する。そして「先生、子どもが授業のことを家で楽しそうに話すようになった」と保護者が学校に伝える。そういった保護者の声が募り、実践した教師や校長が取り組みの効果を実感する。他教科の教師が協力するようになり、校長が学校の体制を整える。教育委員会や自治体も支援体制をとる。このような学校ぐるみ・地域ぐるみの、「教育の循環」が起きているそうである。

子どもたちの美術鑑賞の姿勢についても、一定の成果が出ている。本章2節や3節で紹介するが、私たちは、子どもたちを県立美術館に招待する事業や、所蔵する美術品を県立美術館から持ち出し、子どもたちに本物の作品と出会う機会を提供する事業も行っている。その中で、「子どもたちが絵の前で佇む姿」、「学芸員の説明に聞き入る姿」、「絵を指しながら学芸員に質問する姿」、「何を描いているのかと子どもたちで議論する姿」、「生徒が地域の方にまるで学芸員のように説明する姿」が見られるようになった。そしてこのような子どもたちの姿を目の当たりにしたとき、本物が持つ力を実感した。作者が絵を通して語りかけてくる人生観や社会観を、子どもたちが感じ取っている。本物の美術品はすごい。まさに「びじゅつって、すげえ！」である。

繰り返すようだが、私たちは今でも、いろいろな立場の方から、それぞれの視点で「地域の色」「自分の色」という取り組みについて相談し、意見や評価をいただいている。一部を表4－1に挙げた。

表4-1 有識者からの意見・評価（抜粋）

「地域の色」というテーマについて（地域の良さを再発見し、子どもたちがふるさとに誇りを持つことで地域が振興していくということ）		
意見	文部科学省関係者	高度成長期の村を棄てる学力から、地方創世期の村を育てる学力へ、教育の目指す方向が変化している。この取り組みは、ふるさとは美しく村には夢があることを再発見するものと思う。その中ではどのような子どもたちを育てたいのか地域社会と共有することが大事
	国立博物館関係者	地域には拠点となる学校が必要だ
評価	文部科学省関係者	・県レベルの珍しい取り組みである ・地域社会の振興策にもつながる ・県教委と市町村教委が協力して取り組んでいることは画期的
	市町村長（複数）	子どもたちが地域の顔料で絵を描くことは地域振興策としても大変有効
「自分の色」というテーマについて（自分の良さを再発見し、更に感性を磨くことにより子どもたちの創造力と課題解決能力を高めるということ）		
意見	文部科学省関係者	感性教育はもっと大事にすべきだ。そのためにも美術品など本物に触れさせる教育が必要。教えないで、考えさせる教育が大事
	県教委指導主事	指導主事など教育委員会職員が取り組みの内容を理解し、必要性を認識しなければ学校への広がりは期待できない
	公立美術館職員	・学校にない教育資源を美術館は持っている。それをどのように活用するかが課題 ・美術はいろんな角度からものを見ることができる。各教科にも活用できる
	企業系国際財団幹部	アートとサイエンスの連携は世界中の関心事
評価	文部科学省関係者	・美術館の取り組みが学校授業の中に位置づけられていることは驚異的 ・改訂学習指導要領に沿った取り組みだ
	大学関係者	・美術館が色彩教育で美術鑑賞の素地を作る。これはすごい ・子どもたちの感性が育つ取り組みだ
	国立美術館関係者	すぐには出てこないが、効果はある。例えば、父母、祖父母も美術館に目を向けるようになる
	私立美術館関係者	文化施設と学校教育がつながったすばらしい取り組み

やはり「本物が持つ力を信じたこと」「美術館機能を学校教育に活用したいと考えたこと」、そして『色』というわかりやすい視点からアプローチしたこと」「ふるさとをテーマとしたこと」は間違いではなかった。美術館機能は学校教育に、そして人材育成と地域振興に活用できると、強く思った。

①深化と拡大に向けて

このように拠点校・園も生まれ、この取り組みが県下に広がってはいるものの、残念ながら今のところ、一過性の取り組みで終わっている校園がほとんどなのが、正直なところである。実行委員会の願いである「この取り組みを学校が自ら継続して取り組む」というまでに至っていない。

この取り組みをどのようにして深化させ、広げていくのか。これが今後の課題である。そこで、現段階で拠点校になっている校園を分析した。その結果、次の四つのタイプに整理できることに気が付いた。

・自治体が人材育成や地域振興に向けて、学校を核に取り組むタイプ
・教育委員会が学力向上を目指し、特定の学校をモデル校として取り組むタイプ
・校長が教育に必要だと判断、教員を説得しながら、取り組むタイプ
・核となる教師が、この取り組みはこの学校に必要だとして、校長や他の教師を説得しながら、取り組むタイプ

そして、それらの校園が取り組みを始める過程に、共通した要素が三つあることもわかった。まず巡回展や顔料作り等の「実体験」がきっかけとなること。更に、学校に「核となる教師」（拠点校では校長が多い）が必要だということ。そして、教育委員会や自治体、学校、保護者等「関係者の理解と支援」が必要だったということ。

つまり、この取り組みを深化させ、広げていくためには「実体験」がきっかけとなり、「核となる教師」が取り組みを指揮し、学校をまとめ、実行委員会との窓口になる。更に「関係者の理解と支援」がこの取り組みを支えるという仕組み作りが大事だとわかった。

そうした中で、いろいろな立場の方々から、次のように、大事な示唆をいただいた。

・文部科学省の方「本物に触れさせる教育の大切さを学校や地域の方に訴えてほしい」「美術館と教育研修が結びついた例は全国的にもない画期的なもの」「この取り組みには、県教育委員会と市町村教育委員会の協力が必要。」

・国立博物館の方「美術館が地域の子どもたちとの距離を縮めていくことが大事だ」「勉強くさくなく、楽しむということがもっと前面に出てくるともっと広がる」「まずは自分が興味を持つこと、そして好きになること、それが他の人に広がる要因になる」「ふるさとに対する愛は強制して生まれるものではない」

・市町村長「開館時だけ頑張りましたでは困る」

・大分県内市町村教育委員会の方「大分県教育委員会の研修には、子どもたちの感性を磨く芸術関係の講座がほとんどない。管内の学校は芸術関係が出遅れていると実感している。可能ならば芸術関係の研修を実施してほしい」

このような関係者からの示唆や、第1章3節で紹介した実行委員会での議論を踏まえ、まずは何ができるかを考えた。

そして考え至ったのが、できるだけ多くの方々に実体験をしてもらうことである。つまり、本物の絵を見てもらい、ワークショップに参加してもらうことである。

多くの人に実体験をしてもらえれば、理解者が増えていく。それは核となる教師を生み出すことにも、教育委員会や自治体、保護者などあらゆる学校関係者の中に支援者を生み出すことにもつながるはずである。

そのためのきっかけ作りに向けて、次節以降で紹介する三つの取り組みに力を入れることにした。

まずは第2節で紹介する、県立美術館でのワークショップ。所蔵作品が常に有り、学芸員が常駐する美術館での実体験の充実である。これは当財団が管理・運営する県立美術館に限らない。市町村立美術館や博物館、資料館のワークショップも充実することが必要である。とにかく、多くの方に本物の美術体験をしてもらう必要がある。そのためには、県立美術館の中だけで実体験を充実させるのではなく、当財団（県立美術館）が取りまとめている「大分県博物館協会」や「大分県公立美術館・博物館連携推進会議」を活用し協力体制を構築することも必要になるだろう。

次に第3節で紹介する、県立美術館から地域へのアウトリーチ活動。「時間がない」「美術館の敷居が高い」「公共交通機関が整っていない」などの理由により、美術館に「行けない」「行こうと思わない」という方が、県内にはたくさんいる。そういった方々に、本物のすばらしさを体験してもらい、本物の力を実感してもらうことがねらいである。特に学校に向けては、積極的に行っていきたい。学芸員とこの取り組みについて話をした際、「美術館展示室と、学校での巡回展では、同じ美術品鑑賞でも子どもたちの顔や姿は、異なって見えた。美術館では、子どもたちが緊張していたように見えたが、学校では落ち着いて、素直に絵を見ていたように思えた」といわれた。また、教師についても「美術館では、子どもたちを美術館職員に任せていたが（中には展示室に入らない教師もいたという）、学校では先生として子どもたちをしっかり指導していた。」そうである。

更に第4節で紹介する、県教育委員会の教職員研修。教職員研修で美術館機能を活用してもらうことで、教師の中に理解者を増やし、ゆくゆくは学校で「核となる教師」を育てたい。これには、県教育委員会、特に県教育センターの理解と協力が必要だ。そのため、第1章で触れたとおり、私たちは、教職員研修に美術館機能を使ってもらうべく、県教育センターと2014年度に議論を重ねてきた。その内容を、図2で少々詳しく説明したい。

更にこの三つの取り組みを通して、前に述べた「関係者の理解と支援」も期待している。

教育委員会には業務上の支援を、自治体には財政上の支援に加え、ケーブルテレビなどを活用した地域への周知を。更には、学校が人材育成と地域振興の核であることを認識してほしい。そして、保護者には、家庭で地域の特性や歴史を話題にし、子どもたちが顔料作りや染料作りなど、「色」の話をしてきたときには話を聞いてほしい。自分の経験なども話題にしながら子どもたちの話し相手になることも期待したい。

このような枠組みで、この取り組みの深化と拡大を目指すこととした。

表4-2　教職員研修が決定するまでの大分県教育センターでの議論（2014年度）

2014/7/20	趣旨説明の後、教育センターから「小規模市町村の学校では芸術系教科が手薄だ」「教育センターにも美術の指導主事がいない」「学校では、他教科の教師が美術を担当していることが多い」「小学校教師を中心に美術の研修を受けたいという要望も多い」という現状の説明。続いて「美術館と連携して他教科教師に美術の研修を受けさせたい」との考え方が示された。加えて「海や川に子どもたちを連れて行くときれいな石に関心を示す。これが顔料になり、絵が描ければ、更に学びが深くなる」という前向きな話が出た。 更に、「本で勉強したことを実体験で確認できれば学習は深まる」「不登校対策に体験学習を増やしている。その中でこの取り組みを活用できる」という意見も出た。
2014/9/10	講演会を行う。 参加者は、県教委（人事担当者）と教育センター約40名。 内容は、大分の自然・環境・風土・歴史・文化に美術的視点から迫り、視ることの楽しさを識るというもの。これまでにない教育普及を目指し、様々な実験と試行錯誤を繰り返し活動している様子や、県内で採取している実物資料も紹介した。 写真は、講演後に実物に見入る参加者の姿。 
2014/10/29	今後の方針について確認。 教育センターから「今の教師は実体験が乏しい」「実体験が伴わない授業は子どもたちが付いてこない」「子どもたちにもできるだけ多くの実体験をさせたい」「自分の適性を見抜き、選択肢を広げるためにも実体験が大事だ」という意見が出され、その上で県教育委員会としての見解が示された。 方向性としては、「研修は初任者研修あるいはステップアップ研修（採用２年目研修）に組み入れる」「対象は小学校新規採用教師全員」「研修場所は県立美術館」「講師は美術館職員」「研修科目は図工として時間は半日」ということであった。 当財団（県立美術館）としても、「所蔵品を研修に活用する」「美術館教育普及担当職員を講師とする」ということを前提に、体制作りを始めた。もちろん順次、対象を広げていくことも期待してである。

2 美術館でのワークショップ

照山龍治［「地域の色・自分の色」実行委員会委員長］

美術館には、常に本物の美術作品が展示されている。美術作品が語りかけてくる思いを、見る人に伝える学芸員がいる。そして、その学芸員の中には、美術に関心が薄い人や、全くないという人にも実体験を通し美術の力を体感させることを使命としている者もいる。例えば、大分県立美術館の教育普及グループには、美術作品や創作活動に触れた人に「びじゅつって、すげぇ！」と、感動を与えることを無上の喜びとしている学芸員がいる。彼は日夜、仲間を募り、大分県内を歩き回り、「びじゅつって、すげぇ！」を探す。きれいな珍しい石を拾い、染料となる草を刈る。松脂や油を燃やし煤を採る。そして、拾い集めた宝物を「教材ボックス」に収納し、展示する。また、県内の歴史を調べ、神社仏閣の色材を調べる。こういった活動を史学や科学など関連分野の研究や、教育普及プログラムの開発、実践活動に活用する。

県立美術館で行われている具体的な活動については、これから順次説明していくが、これらは全て、参加者に対して「びじゅつって、すげぇ！」という感動を全身で味わい、感動を呼び起こすことを目指して取り組むものである。

まずは、県立美術館の中で行われているものから紹介する。

美術館は本物の作品の迫力と、学芸員をはじめとする職員のパワーにあふれている。「びじゅつって、すげぇ！」を肌で感じる実体験を、ぜひとも美術館でしていただきたい。

①子どもから大人までを対象とした美術館体験プログラム

県立美術館では、主に金・土・日曜日に、次のようなプログラムを行っている。

夜のおとなの金曜講座

仕事や学校の帰りに気軽に県立美術館へ足を運んでもらえれば、という思いから始めた、中学生以上の方を対象とした講座である。「視るは楽しい教材ボックス」「大分県から絵の具をつくる」「美術からみた文化」「素材と技術」という四つのテーマで、毎週金曜日の夜に1時間程度行っている。

また、夜は参加が難しいという声にこたえるため、2017年度からは朝にも行うようになった。仕事帰りの人、家事を早めに済ませてきた主婦、赤ちゃんを連れたお母さんなど、参加者は様々。ときには、中学生や小学生が顔を出すこともある。しかし、講座はあくまで中学生以上の大人が対象。お断りはしないが、専門性は一切下げない。「1時間のプログラムが30分のように感じる」「もっと聞きたい」「もっと見たい」こうした好奇心は、大人から子どもへ、親から子へと受け継がれていく。

みんなの土曜アトリエ

身体と感覚を活性化させるプログラムと、コレクション展示室の作品を見るプログラムを組み合わせた美術体験ワークショップ。土曜日の午前は4歳以上の未就学児と保護者、午後は小学生から一般の方を対象に、1時間半程度行っている。前半に身体と感覚を活性化させるプログラムを行う。色や形、素材から

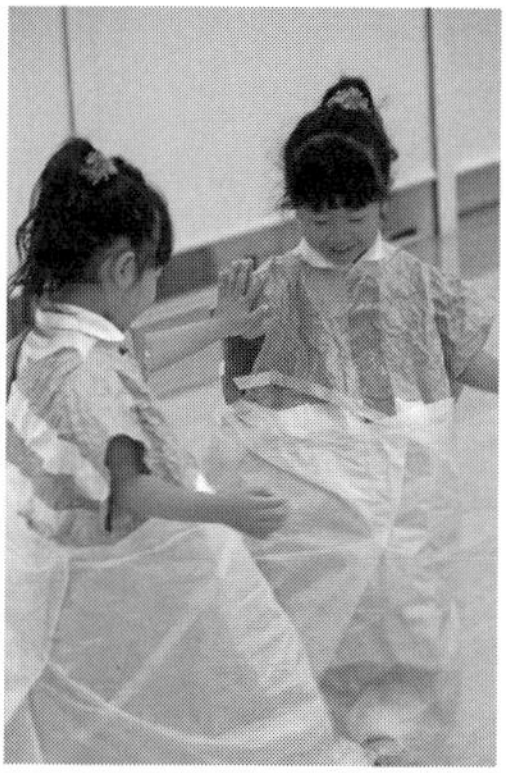
土曜アトリエを楽しむ子ども
（「おしゃれさん、こんにちは」）

空間までもテーマにした、ダイナミックな活動（遊び）を通して身体と感覚を活性化させる。活性化した身体と感覚で、コレクション展示室へ行き、作品を見ると、より感覚的に色彩や素材を捉えることができるかもしれない。全身で感じることと、見ることを繰り返すことで、美術に親しみながら、自分なりの「見方」を作ることにつながっていくのである。これまで行ったプログラムは「○△□の形」「ダブルフェイスフレーム」「ぽこぽこ・とん」「モシモシ、聞こえますか?」「おしゃれさん、こんにちは」など。どれも県立美術館のオリジナルプログラム。

「みんなの土曜アトリエ」を始めたころ、コレクション室では学芸員と一緒に作品を見ることが主流だった。しかし、開館から3年が過ぎたころから、子ども同士で見る姿、子どもが絵の前で静かに一人佇む姿が見られるようになってきた。「一緒に見る」から、「一人で見る」へ。成長が嬉しい。こうやって美術に親しむ人が、子どもにも大人にも、増えていってほしい。

どなたでもワークショップ「アトリエ・ミュージアム　みんなでつくろっ!」

展覧会で作品を見た後に、手を動かすという能動的な触覚体験を加えることで、美術館の思い出を少しでも深めてもらうことを目的に行っているワークショップ。日曜日の午前と午後に一度ずつ行っており、年齢制限は設けていない。どのようなプログラムを行うかの告知は一切行っておらず、材料を持ち帰ることもできないので、その日だけの特別な美術体験となっている。タイトルから内容を想像してほしい。「凸凹石と積み木っ端」「楽描」「まっ黒のすけ」「翼をください」「糸を刷る?・」「水のゆらめき」「カラみの」「しももんを作ろう!・」「フリッパー」……どんな活動を行っているか、気にならないだろうか? 詳しくは大分県立美術館教育普及グループのFacebookで毎回紹介しているので、そちらをご覧いただきたい。

展覧会の来館者を対象に始まったワークショップなのだが、開館当初はこれを目的に美術館に来ては、展示を見ずに帰ってしまう参加者の方も少なくなかった。私たちの目的とのずれを残念に思っていたのだが、毎週参加してくださる方の中には、これをきっかけに「土曜アトリエ」に参加するようになり、ついには1日プログラムにも参加してくださるようになっている方も出てきた。少しずつ美術館を身近に感じてもらえるようになれば、と思っている。

特別講座「〝〇〇〟をめぐる七つのお話」

一つのものを、様々な分野から美術的視点で見ることで、感性や好奇心を触発する全7回の連続レクチャー。美術や県立美術館と関わりが深いテーマ〝教材ボックス〟(2015年度)や〝みる〟(2016年度)、〝植物〟(2017年度)などを実施。講師の話をただ聞くだけではなく、映像を交えたり、素材に触れたりしながら、実物資料満載のワークショップ形式のレクチャーになっている。2015年度の「〝教材ボックス〟をめぐる七つのお話」では、教材ボックスの作成にご協力いただいた専門家の方を講師に招き、大分の自然、風土、環境、歴史、文化についてお話ししていただいた。また、2016年度は「〝みる〟をめぐる七つの話」というテーマで行い、アナウンサーや獣医を講師に迎えた。

このように領域を超えて、いろんな立場からモノを見る。その中からも新しいものが生まれてきている。講師は様々な分野の専門家で、ご覧いただければわかるように、一見美術とは関わりがないように見える方がほとんどだ。しかし、実際に話を聞いてみると、美術との関わりが感じられ「美術は日常にある」ということを、実感できる内容になっている。

特別ワークショップ&レクチャー、公開ラボラトリー

アーティストを招いて行うワークショップとレクチャー。夏休みなどに3日連続で美術館にどっぷりつかるもの、企画展などと関連づけて行うものなどがある。しかし、どれも講師に内容を丸ごとお任せすることはない。全てのプログラムの基盤に「自分の視点をもってモノをみる」を置きたいからである。

公開ラボラトリーは、教育普及グループの教材研究所のようなもの。最近では「豊後牛の血からプルシャンブルーをつくる」（協力：大分県）、「天然のアカネからマダーレイキをつくる」などにも取り組んでいる。「大分県から絵の具をつくる」を深化させ、参加する人たちの好奇心を刺激している。

②学校と連携した事業

小学生ファーストミュージアム体験

県立美術館が開館した2015年に行われた、県内の小学生全員を県立美術館の開幕展に招待する事業。

大分県、大分県教育委員会、公益財団法人大分県芸術文化スポーツ振興財団（県立美術館）を構成員とする、学校との連携推進協議会が主催した。感性が豊かな児童期に、国内外の名画や郷土の名品といった本物や美術館に出会うことで、子どもたちにアートを楽しみ、学ぶ意欲を持ってほしいという趣旨で行われた。準備段階では、小学生に美術鑑賞をさせてもわかるはずがない、という意見も出た。しかし実際にやってみると、子どもたちは想像力を働かせて、身体全体を使って、見て、感じていた。参加した教師から「意外と良かったよ。」「人数が多いのは課題。でも本物を見せることは良いこと。」など、様々な意見をいただいた。この事業を一過性のものにせず、教育へ生かしたいという県教育委員会の思いから、後継事業である「小４ミュージアムツアー」が翌年から始まった。

美術館に入る前に、注意事項を聞く子どもたち

小4ミュージアムツアー

「子どもが主体的に取り組む鑑賞授業の充実」を目的とした県教育委員会の主催事業。正式名称は「アクティブラーニング美術教育推進事業」。スポーツにおける「ゴールデンエイジ」と同様、ものの見方が劇的に変わる発達段階といわれている小学校４年生が対象。県立美術館での美術体験が一過性のイベントに終わらないように、という考えを一歩進めて、県立美術館での鑑賞体験と学校の授業を連動させることがポイントである。まずは子どもたちを県立美術館のコレクション展に招待して、県内外の優れた芸術作品を鑑賞し、幅広い文化に触れてもらう。学校に戻ったら、子どもたちは県立美術館での美術体験をもと

にした図工の授業を受けるのである。県立美術館でのミュージアムツアーの目当ては「見る」「感じる」「話す」の三つ。作品との距離を変えて、下から上から斜めから、と視点を変えて、身体全体を使って作品を〝みる〟。そして〝感じた〟ことを友達や教師、一緒にミュージアムツアーを回る教育普及スタッフなどに〝話す〟。学校に戻ったら、教師は県立美術館での美術体験を生かした授業を行う。地域の美術館に子どもたちを連れて行ったり、地元のお祭りの鬼のお面を題材とした授業をしたり、内容は学校や教師によって様々。ある学校では、子どもたちの「美術館みたいにしたい！」というリクエストにこたえ、子どもたちの作品を校内展示する際に、事前に考えていた展示計画を変更した教師がいたと聞いている。

子どもたちの心の中で、美術館と学校の授業がつながることが、大切だと思う。

びじゅつかんの旅・びじゅつかんの旅じたく

学校が県立美術館を訪れ、感覚を活性化しながら、作品と出会う「旅」をするプログラムのこと。「旅」には、日常と異なる新しい出会いがつきもの。学校という日常から飛び出して、これまで見たこともないようなモノと出会うことを楽しんでほしい、という意味合いからこの名前がついた。びじゅつかんの旅は、通常の団体鑑賞とは異なり、子どもたちが、作品についての解説を聞いて学ぶのではなく、教育普及スタッフと「一緒に視る」という視点で県立美術館の中を歩くギャラリーツアーである。座り込んだり、ひっくり返ったりしながら、作品を見るのに一番いい場所を探したり、顕微鏡や双眼鏡、聴診器を持って、県立美術館の建築で遊んだり。触れることのできる作品に触れて、形や触り心地を楽しんだりと様々な方法で、子どもたちが能動的に美術鑑賞ができるようにしている。

びじゅつかんの旅をする学校に事前に出向き、子どもたちと一緒に身体を使うワークショップを行うのが「びじゅつかんの旅じたく」。例えば「超・ぼわんぼわん」（ゴミ袋を風船のように使ったり、体育館の天井に届くほど巨大なビニール袋に空気を入れたりして、掴まえた空気と形で遊ぶ）や、「ぱたふわ」（半紙からそっと手を放したり、ロール障子紙をつなげたものを下から団扇で扇いだりして、和紙がふわふわ舞い上がったり、舞い落ちたりする様子を楽しむ）といったプログラムである。びじゅつかんの旅じたくを行うことで、身体と心を解きほぐすことができるだけでなく、事前に美術館スタッフと仲良くなることで、びじゅつかんの旅が、更に楽しみになる。

日田市立津江小学校（2016）
「超・ぼわんぼわん」

このびじゅつかんの旅・旅じたくは、学校と美術館を往還するプログラム。学校でのワークショップと県立美術館での美術体験を連携させることで、「見る」を深めて「能動的に見る」に近づける試みでもある。ツアーで一緒に回る教育普及スタッフに印象を聞いてみたところ「ワークショップを受けている場合とそうでない場合は全く違う」「ワークショップを受けている場合は、雰囲気が柔らかい」「すぐポーズの真似をしたりする」ということである。能動性を高める効果が、きっとあるのだろう。「超・ぼわんぼわん」を体験した学校では、この教材にヒントを得て、理科の学習と関連づけながら、自分たちで黒いビニール袋をつないで、熱気球を作って浮かべたという報告も届いている。びじゅつかんの旅・びじゅつかんの旅じたくや、先ほど紹介した小４ツアーといった美術体験がきっかけとなった学校と美術館を往還する学習体験によって、美術体験あるいは理科体験などの実体験に厚みが増すと思う。また、美術館活動を教育課程に位置づけ、単元に組み込んで実施している学校もある。継続的な取り組みができるのが学校の強みで、本物の作品や専門家がいるのが美術館の強み。学校と美術館が連携し、お互いの力を出し合うことで、質の高い美術体験を子どもたちに届けられるようになるのだろう。

③保護者、地域住民に向けた事業「力があわさると」

学校にとって、保護者の存在は大きな存在である。保護者の理解が学校を変えるということも実際に起きている。大分市立中島小学校（２０１7年3月閉校）は、ＰＴＡが学校を説得してびじゅつかんの旅（旅じたく）を実現した例である。中島小学校で行ったのは、顔を白粉で真っ白にして作品と向き合う美術館プログラム「カオカオミュージアム」の舞台を学校に移した「カオカオスクール」である。顔を白塗りにした子どもたちが、学校の中を遊んで回る。音楽室では楽器を演奏する（ふり）、理科室では人体模型を使って理科の授業を受ける（ふり）、学校が劇場のようになった。

実はこのとき、中島小学校は閉校直前。

閉校準備委員を務めていた一人のお母さん、佳乃さん（仮名）は、県立美術館のワークショップの常連さん。「子どもたちの記憶に残る思い出を作りたい」という思いから、このプログラムを学校に提案したが、白塗りにして学校で遊ぶという過激さに、学校や他の保護者は苦い顔。「これは何の意味があるのか?」「どこがアートなのか?」「他の保護者の同意を得るのが難しい」「先生たちは引いている」など、二度三度と頓挫しそうになった。しかし他の保護者と話し合う中で「（このプログラムの）何が面白いの

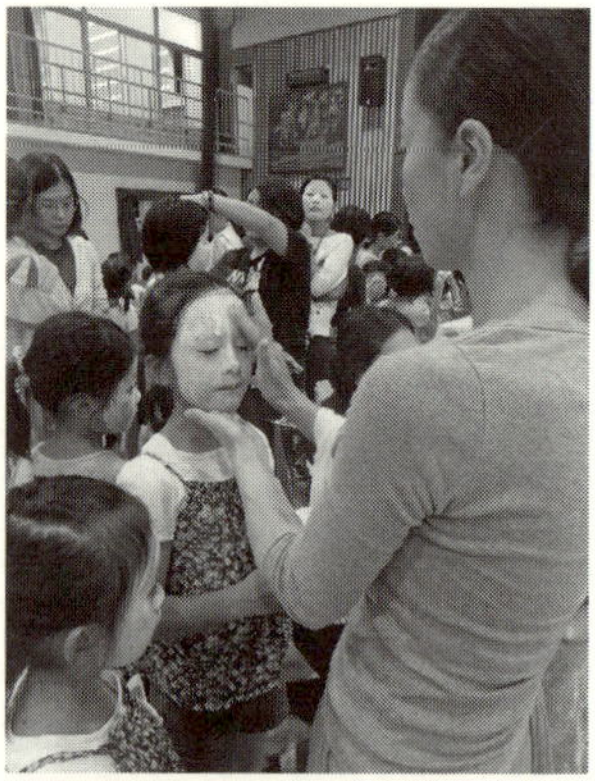

プログラムに協力してくださった
保護者の手で変身中の子ども

か？」「では、まずは保護者が顔を白塗りにしてみよう。」ということに。しかも、保護者だけでなく、話し合いに参加していた、教頭先生も一緒に顔を白塗りにすることになった。

顔を白塗りにすると、顔からその人「らしさ」が消える。一方で顔の動きがはっきりするので、表情がよく見える。この姿のまま、例えば美術作品の登場人物の真似をするとしたら、作品とじっくり向き合うことになる。「カオカオミュージアム」はこれを狙ったプログラム。子どもたちが学校でやったらどうなる？

そんなことを考えながら、顔に白粉を塗って「これはやった人しかわからないかも。」「でも、面白い。」「子どもたちに、この感覚を味わってもらいたい」そんなＰＴＡの皆さんの熱い思いと、子どもたちへの愛情で実現することとなった。

当日参加したのは、総勢２００人の子どもたち。５人に１人の保護者がメイクを手伝う。準備、片付けまで、ＰＴＡが主体。県立美術館はアイデアの提供と当日の遊びのリーダーをするだけ。

これは美術館のプログラムをきっかけに、美術館から保護者、保護者から学校、学校から美術館という連鎖が起きた例だろう。三つの力が合わさったとき、アートは今までにない力を発揮することを、私たちは実感した。学校、保護者、美術館と、立場の異なる人が、力を合わせて一緒に何かをすると、思いがけない何かが生まれるのかもしれない。その中心には子どもたちがいて、その取り巻く環境として、美術って「楽しい」「面白い」「すげぇ！」が広がることを期待する。

3 美術館から地域へのアウトリーチ

照山龍治［「地域の色・自分の色」実行委員会委員長］

アウトリーチとは、美術館が美術館を飛び出して、美術館の外で美術館活動をすることをいう。美術館から距離が遠い地域に住んでいる人など、物理的・心理的に美術館に縁遠い人々を主な対象にしている。これまでに紹介した姫島まるごとジオ・ミュージアムも、アウトリーチの一つである。

大分県は公共交通機関が整っていない地域が多い。そういう地域の子どもが、大分市の真ん中にある大分県立美術館に来ようとすれば、少ない本数のバスや電車を乗り継いでくるしかない。大人でも高く思えるハードルなのだから、中学生や高校生にはもっと高く感じられるだろう。県立美術館に自力で来られる子どもは、この周辺に住んでいる子どもに限られているのではないか、と私たちは思う。美術館がない地域、美術専門の教員がいない学校（地域）があるのも事実である。県立美術館に行くのが難しいばかりか、本物の美術体験や美術教育に触れることすら難しい子どもが、少なくないのではないだろうか。

「本物を地域へ」という考えのもと、県立美術館は美術体験プログラムや、作品などを地域に持ち出して、専門スタッフ、教育普及スタッフなどを派遣している。楽しい美術体験を通して、美術は身近なものだと感じてほしい。作品鑑賞を通して、自分の暮らす町にすばらしい芸術家がいたこと、それらを生み出した風土が私たちの足元にあることに気付いてほしい。そして、生み出されてきた芸術は時代を超えて、引き継がれていることを知ってほしい。自分の生まれたこの町に親しみを感じ、自分の暮らしているこの町の自然に思いを巡らす。これにより人と美術館との距離はぐんと近づく。

今すぐ美術館に来てほしいとはいわない。美術館は日本中、世界中にある。子どもたちが大人になったとき、ふと訪れた町で「美術館があるなら、行ってみようか。」と思ったり、ふと懐かしい友達を思い出すように「ちょっと県立美術館に行ってみよう」と、思ったりしてくれたら、幸せである。

県立美術館のアウトリーチは大きく分けて、県立美術館で行われている教育普及プログラムを外に持ち出すもの（体感プログラムや、地域の良さを感じるプログラムなど）と、県立美術館の所蔵作品を外に持ち出すもの（「地域美術体験」「こどもびじゅつかん」「スクールミュージアム」など）の二つのタイプがある。

①県立美術館で行われている教育普及プログラムを外に持ち出すもの

体感プログラム

遊びから素材の特性を体感するもの、全身を使ってダイナミックに活動するものなどがある。準備から片付けまで含めて、1～2時間のものが多い。例えば「ふわもこ」「超・ぼわんぼわん」「いろいろたっぷり　カラフルインスタレーション」「アクションペインティング」など。（第2章参照）

地域の良さを感じるプログラム

地域の自然・歴史・文化などに目を向けさせるプログラムとして「ザ・ピグメント　～絵の具は石で出来ている?～」や「いのちの色・植物」「○○ブラックをつくる」などがある。実施する学校や施設の周辺を歩き、近所のお店で聞き取りをしたり、振興局の方などからアドバイスをもらったりしながら、素材を決める。

「ザ・ピグメント　～絵の具は石で出来ている?・～」では前述のように、地域の石などを使って、そこでしか作ることのできない「地域の色」を作る。大分県教育委員会と一緒に始め、姫島村での「姫島色をつくる」を皮切りに、「津久見色をつくる」「佐伯色をつくる」「臼杵色をつくる」「別府色をつくる」と、様々な地域でこのプログラムを行っている。子どもたちと一緒に、地域特有の色を作って、見て楽しんでいる。自分たちで作った顔料に展色剤を混ぜて絵の具にして、色見本を作ってみたり、実際に使って絵を描いたりするのも、このプログラムの楽しいところである。

日田市立津江小学校では、２０１５年1月に「日田色をつくる」を行った。対象は5・6年生約30名である。ちなみに、この学校は２００２年日韓W杯でカメルーン代表のキャンプ地として一躍有名になった、旧・中津江村にある。初めに、日田市出身の画家・宇治山哲平の絵（日田市所蔵）を子どもたちと一緒に見る。そして、宇治山が油絵の具に方解石や水晶の粉末を入れ、独特の絵肌で表現していることと、校区内にある（とはいえ学校から車で約30分はかかる）鯛生金山でこの種類の石が採れるということを説明した。そして、子どもたちが持ち寄った石で顔料を作り、展色剤と方解石の粉末を混ぜて「日田色」の絵の具を作った。子どもたちはできあがった絵の具を、ペインティングナイフを使って板に塗ったり、盛り上げたり、引っかいたりして絵を描いた。絵を描いた後、もう一度宇治山哲平の絵をみんなで鑑賞した。すると、最初に見たときとは違って、子どもたちは目を見開き、斜め下から、横から、上からと表面の凹凸を目で追いかけていた。実体験によって、見方が深まったのかもしれない。

保護者との協議の様子

プログラム終了後、子どもたちにアンケートをとった。その結果、今回の取り組みに対してワクワクした、自分の色を作るということの楽しさを感じられたという子どもがほとんどであった。また、参加した子ども全員が、県立美術館に行ってみたいと答えた。子どもたちからは「道ばたに落ちている石と道具だけで、絵の具ができてびっくりしました。一つ一つ同じような色の石でもやってみると、少し違う色だったのでとてもびっくりしました。」「石で油絵の具を作って、初めは本当にできるのかな?と思っていたけど、だんだんできそうになってきたのでとても楽しかったです。また、僕たちが描いた絵が飾られて、色んな人に見てもらえると嬉しいなあと思いました。」などの感想が寄せられた。子どもたちが作った作品は、後日、県立美術館で行われた美術館教育普及展に展示し、多くの人に見ていただいた。

同じ日に、保護者や地域の方との意見交流会の場を持った。交流会では参加者から「美術館は遠い存在で、今まで行ったことがなかったが、小さいころから美術に触れるということは子どもたちの感性を養うことにつながると思う。」「美術館が出向いてくれるのはありがたいし、個人としてはこういった取り組みを続けてほしい。」「地域を思う気持ちを大事にしたいので、この取り組みは続けてほしい。」「そんなに美術好きの子どもではなかったが、家で楽しそうに話をしてくれた。」「見る、体験することで子どもの感性が伸びると思った。」「こういった体験により、子どもたちが今まで出せていなかったものが、子どもたちの中から引き出せる気がする。」という意見が出た。参加者に対して行ったアンケートでは、参加した保護者全員から、市町村（市町村教育委員会）・大分県（県教育委員会）・当財団（県立美術館）の三者が協働して取り組むことに対して、肯定的な意見をいただいた。また、子どもたちが「自分の色」を作ることに対して「ふるさとの見方が変わるか」「県立美術館についてどう思うか」という質問もした。その結果、回答してくださった参加者は全員、肯定的に美術館の取り組みを見ていたことがわかった。姫島村と同じように、地域に対する誇りを持ってほしいという保護者や地域の方の願いが、ここでも表れた。

②県立美術館の所蔵作品を外に持ち出すもの

「私の街に、大分県立美術館がやってきた！」

県立美術館では、所蔵作品を移送して、地域の文化施設などに小さな美術館を作る巡回展を開催している。その町にゆかりのある作品を中心に、作品を選定することで地域の特色を出す。そして、感受性豊かな中学生のときに、実物ならではの美しさを、じっくりと感じ取ってもらいたいという思いから、この巡回展には、地元の中学生を招待している。２０１５年度に実施した佐伯市では7校の中学1年生約４００名、２０１６年に開催した日田市では市内の全中学1年生約５８０名、２０１７年に開催した中津市でも市内の全中学1年生約７４０名が、県立美術館の所蔵作品と出会った。運営にあたっては、学校の調整を市町村教育委員会が行い、当日のミュージアムツアーを県立美術館が行う。バスでの移動は学校も気を遣うが、教師も生徒も、展示室を出たときの表情は柔らかい。美術の力を感じる瞬間だ。

２０１７年からは対象を広げ、就学前の子どもたちにアートを届ける試みを行っている。それが「こどもびじゅつかん」である。「荒城の月」「花」でおなじみの作曲家、瀧廉太郎となじみが深いことで知られる竹田市の、熊本県との県境にある久住町の久住高原美術館（竹田市役所久住支所内）で行われた。「こどもびじゅつかん」で招待するのは、幼稚園・子ども園の年長さん。動物をモチーフにした作品を中心に選んで展示した。また事前に展覧会への期待を高めるために、参加する幼稚園やこども園、小学校に県立美術館特製のワークシートを配布して、貼り絵遊びをしてもらった。子どもびじゅつかんの開催日直前、回収した子どもたちの作った貼り絵を見て驚いた。限られた材料を使って、思い思いに物語を作っていたのである。大人顔負けの想像力に、私たちはただ「すごいな。」と思うばかりだった。

猫をつまむ手を真似る子ども

作品を見ている間の、子どもたちの言葉も然り。ここで、朝倉文夫の彫刻「猫（吊るされた猫）」を見ながらの、子どもたちの様子を紹介する。

一人の男の子が、作品の前に座るとすぐに「あの、何か！ わかったよ、何か！」と手を動かしながら、自分の感動を伝えようとするが、言葉にならない。その間に、隣にいた女の子が「ここから手が生えてきて、猫をピ！って（つまみあげた）。」と、自分なりの解釈を言葉にする。すると、先ほどの男の子が「猫がぐいって、引っ張られている」と言い、続けて「ここ（地面）から何かがぐーっと生えて、猫を捕まえちゃう。」と身体を動かしながら、作品の中の物語を説明してくれた。同じく「猫」を前にした、他のグループの子どもたちは、教育普及スタッフに「この猫はどんな気持ちかな?」と問われた。すると「嫌だ！」「痛いよーって。」「違うよ。なんかさ、じーっと考えているんだ。」と、猫になったつもりで次々にこたえていた。就学前の子どもたちも、よく見て、たくさんのことを感じているのである。

ちなみに、この地域美術館体験の会場は、一般の方や近隣の学校（小学校や高校も含む）の生徒も入場することができるので、地域の方にも喜んでいただけている。

スクールミュージアム　～美術の力を総合教育に～

スクールミュージアムは、学校を舞台にした１日限りの、いわば学校美術館。県立美術館の所蔵作品を学校の体育館に運び、美術館に仕立てる。美術を核としながら教科を連携させ、領域を超えた活動を構想し、実施している。２０１５年度は玖珠町立玖珠中学校（国語×美術）、２０１６年度は津久見市立第一中学校（理科×美術）で実施した。

２０１７年度は、六郷満山文化を持ち、世界農業遺産に指定されている国東市の国東市立安岐中学校で、美術と家庭科を融合させた学習を行った。テーマは「ふるさとの魅力発見！『国東の色・自分の色』」である。「食と色彩」を視点として、ふるさとへの愛着と、地域文化の理解を深めることがねらいである。

作品の中の〝旬〟〝美味しい〟

スクールミュージアムの展覧会タイトルは「食と色彩」。「食べ物の〝旬の色〟はどんな色か？」「〝美味しい〟色って、どんな色か？」という視点を示し、身の回りの食べ物の色、自然の色に対する見方を変えるきっかけ作りが目的である。

教育普及スタッフとおいしそうな桃の絵を見る

県立美術館の所蔵品から、大分県を代表する日本画家・福田平八郎の作品や、国東市出身の洋画家・江藤哲の作品などを、安岐中学校の体育館に持ち込んだ。見慣れた体育館が、一夜にして美術館に変身する。福田平八郎は目につくものを手あたり次第に絵にしたことで知られている。桃、りんご、だいこん、甘鯛、明太子、牡蠣、青唐辛子、紅白餅。よく見ると、絵の中の桃は若々しく、洋ナシはみずみずしい。食べ物が一番おいしい瞬間を切り取ったようだ。身近な食べ物に向けられるまなざし、美しさを捉える感性、そして的確に表現する技量。そういったものが伝わってくる。

　食べ物を入れる器も大切だ。もりつけは、おいしさを引き立たせることにつながる。器の専門家である九州国立博物館の伊東嘉章副館長にお願いし、講演をしていただいた。東西の食文化から、食べ物の色彩、そして器。形の大切さも語られた。食と色彩の関係について、思いを巡らせる時間となった。

日常に向かう〝まなざし〟

　作品の中の果物や野菜は、画家の目を通して見たもの。一方、食卓に並ぶ料理や、店に置かれた生鮮食品は、現実のもの。現実世界でも旬の色へのまなざしが、生きて働いてほしい。そこで本物の食材を使ったワークショップ「おいしい色ってどんな色？」を行った。使ったのは、生徒たちが持ち寄った野菜や果物。切り方を変えただけで、色や形がどんどん変わる。縦、横、斜め、薄切りなど、いろいろな切り方をしながら、おいしい色を探した。ちなみに、使った果物や野菜は食材として、生徒たちの家庭の食卓を彩った。

地域に向けられる〝まなざし〟

生徒たちは、国東半島宇佐地域世界農業遺産推進協議会の林浩昭会長より、講義を受けた。自分たちが住んでいる国東市がＧＩＡＨＳ（世界農業遺産）ということは前々から知っていた生徒たち。しかし林会長の講義にとても感動したようで、感想を読むと「私は今まで『国東はただの田舎じゃん。』と思っていたけど、林先生の話を聞いて国東はすばらしいところだとわかりました。私もこの国東をもっといいところにするために、いろんな活動をしてみたいです。」「私は今日まで、世界農業遺産と聞いて、深く考えたりすることはありませんでした。しかし、林先生のお話を聞いて、私たちの住む国東半島がどれだけすごい場所なのかがよくわかりました。これから大人になるにつれて、たくさんの人と出会っていきます。そのときに『私の地元は、世界農業遺産に認定されているよ。』などと紹介してみたいと思います。」など、ふるさと国東を誇りに思う気持ちが強くなったようである。

美術と家庭科の融合「GIAHS PIZZA」

生徒たちが挑戦したのは「ＧＩＡＨＳ ＰＩＺＺＡ作り」。ピザ生地の材料には、国東産の米粉やオリーブオイル、更には学校から車で30分のところにある走水観音堂の霊水を使った。

今回作るピザは、架空のお店「安岐中カフェ」の看板メニュー。後日、このピザのおいしさと国東市の魅力を伝えるポスターを制作するので、ピザを作る前に、名前やキャッチコピー、伝えたい情報などを考えた。「豚・飛・トンの桜王　～ふるさと食材たっぷりＰＩＺＺＡ～」「海・里・山の三角関係　三人の恋の行方は　国東ラブストーリーピザ」など、生徒たちはネーミングセンスばっちり。どんなピザができあがるのかとても気になる。味はもちろん、彩りの良い「おいしそうな」ピザにするため「ピーマンなどを少し花びらっぽくした。」「人参の形を星形にしてみると、おいしそうにみえた。」「最初はピーマンをのせるんじゃなかったけど、彩りがなかったので、真ん中にピーマンをおいたら、けっこういい感じになった。」など、班の仲間と工夫して調理した。できあがったピザは、どれも見栄えが良く、早く味を確かめたくなるが、その前にポスター用の写真撮影。おいしく見える角度を探して、何度も撮影した。

「ふるさとの魅力発信　国東の色・自分の色
～美術と家庭科のコラボで探そう・造ろう・発信しよう、地域の魅力～」

ＧＩＡＨＳ ＰＩＺＺＡの魅力を伝えるために必要なことは何か。班の仲間と相談しながらも、一人ずつ考え、チラシを作っていく。アイデアスケッチが描けたら、マスキングテープや色鉛筆、ペン、絵の具などを使って、ピザの写真が引き立つような工夫をしながらポスターを作る。同じピザの同じ写真を使っても、チラシによってピザの印象が随分変わる。ピザの紹介も生徒によってばらばら。だけれど、どれも本当においしいピザに見える。安岐中カフェが開店して、おいしいＧＩＡＨＳ ＰＩＺＺＡが本当に食べられる日を夢に見そうな授業だった。

4 教員研修で何を伝えるか

照山龍治［「地域の色・自分の色」実行委員会委員長］

私たち「地域の色・自分の色」実行委員会としては、本章第1節で縷々述べたように、私たちの取り組みを学校の授業に生かしてほしい、大分県立美術館の機能をもっと学校で活用してほしいと考えている。これは全国どこの美術館や博物館でもきっと同じだろう。しかしその中でも、私たち実行委員会の取り組みは、大分県内各地に拠点校も生まれ、多くの方から学校教育に有効であると高い評価もいただいた。そのため、県下の学校に広げたい、広げるべきだ、活用してもらいたい、活用すべきだと私たち実行委員会はどこの誰よりも強く願っている。これからは、この取り組みの「深化」と「拡大」を目指すことが課題である。また、大分県教育委員会、中でも大分県教育センターの全面的な協力と場所や講師、時間など具体的な研修の方向性についても県教育委員会と意見の摺り合わせも行った。

ステップアップ研修の様子

その中で、「教員研修で何を伝えるか」ということだが、まずは、美術館に来て、館の雰囲気に触れ、本物の絵を見て、学芸員や職員の説明も聞き、「美術の力」を実体験してもらい、「びじゅつって、すげぇ！」を実感してもらいたい。そして、美術館の機能は、思っているより深く、広いということ、そしていろんな教科の学習を支援できるということを理解してもらいたいということである。

①課題の所在

子どもたちが美術館や博物館で、本物に触れる体験をすることは、とても大切だというが、これを実行に移せる教師は、残念ながら多くない。何が問題なのか、何人かの教師に聞いてみた。すると『子どもたちを美術館（または博物館）に連れて行こう！』と思ったことはある。そのためには日程調整やバスの手配など、たくさんの手続きをしなくてはならない。」「周りの教師や保護者の説得も必要。」などたくさんの課題があり、実行に移せなかった、とのこと。どうやら、教師が乗り越えなくてはならない壁が幾重にもあるらしい。

また、教師の中には、美術館は縁遠い、高尚な感じがする、敷居が高いというイメージを持っている方も少なくない。美術館内での子どもたちの指導が不安なので、子どもたちを連れて行く勇気が出ない、という教師もいると聞く。ここに、私たちが行った、小学校の教師を対象にしたアンケートの結果がある。「日頃美術館に行くことがありますか？」という問いに対して「行かない」「どちらかといえば行かない」という回答が73パーセントだった。理由は「遠い」（36・1パーセント）、「時間がない」（19・7パーセント）、「見たい展示がない」（13・1パーセント）、「どう見ればよいかわからない」（11・5パーセント）となった（複数回答）。交通事情、余暇の過ごし方、展覧会のラインナップ、美術鑑賞へのアプローチなど、課題が見えてくる。

しかし、私たちが一番の課題だと考えているのは、別のことである。例えば、美術館の展示室や、巡回展やスクールミュージアムの会場などで、子どもから「この絵いくらするの?」「どれがいいの?」と言われることがある。「自分の視点でモノを視る」体験をしてほしい私たちとしては、少々残念な質問だ。しかしもっと残念に思うのは、引率している教師からも、子どもたちと同じように「この絵はどこがよいのですか?」「説明してもらいたい」「いくらするんですか」と声をかけられること。そして展示室に着くなり、子どもたちに「絶対ここで暴れないで。」という注意に続けて「作品が壊れても、みんなのお小遣いじゃ弁償できないからね。」と言う教師の姿である。

美術館にある作品は、古くから受け継がれた、かけがえのないもの、という価値観や、修復したとしても完全に元の状態に戻ることはないという事実がおざなりにされているのではないだろうか。目の前にある作品に何かあって、今の姿を鑑賞できなくなったら、その作品を楽しみにしていた人たちが、どれだけ残念に思うだろう。そういった想像力が働いていないのかもしれない。

②教員研修——自分の視点をもってモノをみる

県立美術館では2015年度より、県教育センターと連携し、県教育委員会主催のステップアップ研修(新規採用2年目の小学校教諭を対象とした悉皆研修)の受け入れを行っている。2017年度からは、幼稚園やこども園の教師を対象とした研修も始まった。また、ステップアップ研修以外にも、夏休みなどに、幅広い世代の教師に向けた「先生のためのワークショップ」を開催している。テーマは、県立美術館の教育普及と学校連携を中心として「身体と感覚を活性化させる」「見るって楽しい」「大分県から絵の具をつくる」など多様である。子どもたちと一緒に〝みる〟ときの姿勢「自分の視点をもってモノをみる」に向けて、毎回様々なアプローチをしている。

身体と感覚を活性化させる

集まった教師に、鏡を渡すことからスタートした。鏡に映る反転した不思議な世界を見てもらい、視点を変えて〝みる〟楽しさを体験してもらった。次に、竹の棒を使った活動を行った。相手と自分の指先で、棒を落とさないようにバランスをとる。相手と上手に息を合わせないと、たちまち棒は床に落ちる。慣れてきたら、棒の下をくぐったり、棒を増やしたり、人数をつなげたりして、どんどん動きを複雑にしていく。簡単そうに見えて、意外と難しい。だからこそ、楽しい。教師の表情は、子どもたちに見せたくなるくらい、生き生きしたものになっていく。身体を動かせば、心も動き、感性も豊かになる。それは、子どもも大人も同じなのである。

想像を楽しむ

「すてきな三人組」は展示室で行う、県立美術館のオリジナルワークショップ。目隠しをする人、その人にどんな作品なのか言葉で説明する人、そんな二人を観察する人の三人で展示室の中を歩くプログラム。作品や作家の名前を伝えても、目隠しをした人は、目隠しの向こうにあるのがどんな絵なのか、想像できない。だから、説明をする人は作品を隅々まで見て、何が見えるか、どう感じるかをわかりやすく言葉に

「すてきな三人組」を体験する教師

する。目隠しをしている人は、説明する人の言葉だけで作品を想像する。見ている人は「私だったらこう言うのにな。」「なるほど。」といろいろなことを感じるはずだ。一とおり展示室を回った後、目隠しをした人は目隠しを外して、三人でもう一度作品を視る。そうすることで、更によく視ることにつながっていく。（２０１５年研修より）

色に敏感になる

教師の方々に教材ボックスを見てもらう。これまで県立美術館が出会った子どもたちや、地域の方々と一緒に作った顔料を見て、教師は色の豊かさに驚く。また、姫島村の石や、姫島村と同様に日本ジオパークに指定されている豊後大野市の赤鉄鉱、佐伯市の沿岸で拾った貝やサンゴ、竹田市の紫根やサフランなど、これまでに集めた資料も見てもらった。臼杵市の石仏や宇佐市のコテ絵など、県内の文化にまで話が及んだ。色を通して自然、歴史、文化を感じる時間である。（２０１６年研修より）

身体を使って〝みる〟

「（作品の）見方がわからない。」「鑑賞をどう指導すればいいかわからない。」という教師が多いので、身体と感覚を使って視点を変えながら〝視る〟ワークショップを行った。作品にグっと近づくと作家の視点、グっと離れれば批評家の視点で作品を視ることになる。作品との距離や角度を変えるだけで、今まで見えてこなかったものが、視界に飛び込んでくる。例えば、作品の隅のほうに描かれた作家のサインは、作品の前に座って、子どもの視点になるとよくわかる。ライトの位置に注意しながら角度を変えてみると、ざらざらした顔料の粒子が見えてくる。視点を変えると、気付くことがある。気付きが生まれるとつぶやきになり、誰かに伝えたくなる。そういう体験になったのではないか、と思う。

みるって面白い、楽しい

「みる」といっても「診る」「観る」「視る」「看る」「見る」といろいろある。英語でいっても「see」と「look」と「watch」は違う。どう違うの？　と問いかける。

みる対象も作品だけが全てではない。研修会場であるアトリエの机やイス、情報コーナーの本棚、カフェの間仕切り壁など、随所に坂茂のデザインによる家具がある。これらは紙管が多用されている。ちなみにこれは、東北の震災などで、個人スペースを作るために、支援物資として贈られたものと同じもの。また、県立美術館ということで、大分県産の杉を使った天井、日田産の石材が敷き詰められた床、竹と七島イでできた腰掛もある。展示室の入り口の前に広がるホワイエを見上げてみると、竹工芸の「六つ目編み」をイメージした、ゆるやかにウェーブのかかった木目の天井が見える。柔らかな光が降り注いでくるようで、なんとも美しい。あたたかな素材感の日田石が敷き詰められた床に寝転がると、また違って見える。石畳の上にハートの形を見つけた教師もいた。「見る」対象は、何も作品だけではないのである。

見方を変えて

私たちは、子どものうち、それもできるだけ低年齢のころから本物の美術体験をしてほしい、と思っているが「子どもに美術品を見せたって、わからないでしょう?」と言われてしまうことが多い。私たちは「わかってほしい」とは決して思っていない。小さなころから、身体全体で感じること、美術館に親しむことが大切だと考えている。

作品との向き合い方は、多様である。しゃがみこんで見上げてみたり、横から見たり、彫刻の後ろに回り込んでみたり、絵の一部を手で隠して見たり、作品の人物と同じポーズをとってみたり。作品にグっと近づいたり、手のひらで望遠鏡を作って、そこから絵をのぞいてみたりした。中には絵の前でポーズを決めて、作品と一体化した教師もいた。この体験を通して、教師は〝みる〟ことに夢中になっていった。

（２０１７年度幼稚園・子ども園研修より）

色にまみれる

コロコロピンポンは、ピンポン玉を使ったプログラムで、まずは一人1個ピンポン玉を渡し、弾ませたりして遊ぶ。しばらくしたら、円になって座る。そこに、一気に大量のピンポン玉が降ってくる。そのピンポン玉で遊んでいると、次は色とりどりの大量のピンポン玉がやってくる。手で掬って、飛ばすように舞い上がらせると、花火のようでとてもきれいだ。（２０１７年度幼稚園研修より）

研修が終わった後、教師から「美術館で本物に触れたり、学校外の場所に目を向けたりすることで、今まで考えなかったこと、感じなかったことに気付くことができると思った。」「まず、自分が楽しむことが大事なのですね。」という声をいただく。これは小学校の教師からも、幼稚園・こども園の教師からも聞かれる感想だ。ワークショップの後に行ったアンケート調査では、回答してくださった教師全員が、今回のワークショップが楽しかった、学校の指導等に生かせる、またこういった講座があれば参加したい、子どもたちを美術館に連れてきたい、と回答し、このワークショップを肯定的に捉えた教師は、95・7パーセントにのぼった。研修を通じて、教師の美術や美術館、鑑賞への認識が変わりつつあるようである。

③先生のための講座

県立美術館では、ステップアップ研修とは別に「先生のための講座」を開いている。校種や年齢、経験年数に制限はない。これまで行ってきたのは「絵の具～染料と顔料」「作品に溶け込む」(2015年度)、「ザ・ピグメント」「いろいろな色の話」(2016年度)、「素材っておもしろい」「見るって楽しい美術館～どこから見る?・」(2017年度)など。講座のスタイルも県立美術館で行うもの、アウトリーチで行うもの、県立美術館でのプログラムとアウトリーチを連動させるものなど多様だ。2日間かけて行うもの、1日完結型、選択型とバージョンも増やし、教師が参加しやすいように少しずつ工夫している。図画工作や美術の指導に困っているのは、新米の教師に限らない。ベテラン教師の中にも、指導や教材選びなどで悩んでいる教師も多いという。しかし、子どもたちと同じ目線で楽しめるのが、美術なのである。

素材って面白い　新聞紙サーカス

素材は、ごく普通の新聞紙。まずはゆっくり破りながら、長い1本の紙テープ状にする。それを小さくちぎって、団扇でパタパタと扇ぐと、ふわふわと紙吹雪のように舞い上がる。順番に紙吹雪を浴びる。とても楽しそうだ。次に、新聞をクルクルと丸めて、細い棒にする。先端を手のひらに乗せて、棒が倒れないようにバランスをとりながら歩くのは、難しいけど楽しい。この棒を使って、何ができるか？　クリスマスツリー、突き出すとシュルシュルっと伸びる不思議な剣や、けん玉も作ることができた。工夫次第で、他にも何か作れそう。では、広げて使うとどうなる？　ふわっと浮かべて落ちる様子を見る、帯状につないではためかせて遊ぶのも楽しい。帯状の新聞紙をつなぎ合わせて、1枚の巨大新聞紙を作る。広さを感じる、みんなで持ち上げてみる、パタパタさせてみる。袋状にして、参加した教師全員で中に入ってみる。使った新聞紙は全部で170枚。新聞紙でできているのが信じられないほど、幻想的で美しい空間が広がっていた。

ザ・ピグメント　～絵の具は石で出来ている?～

姫島村をはじめ、県内各地で行っている「ザ・ピグメント　○○色をつくる」。私たちは小学校や中学校に出かけて、子どもたちとこのプログラムを行っているが、教師はなかなか一緒にできない。子どもたちがやっていることを、ぜひ教師にも体験していただきたい。そういった思いから、地域に出かけて、教師と顔料作りを行うこともある。自分が選んだ石を砕くとき、顔料になっていく過程、絵を描いているときの教師のまなざしは、子どもたちにも負けないくらい、真剣そのものである。

「絵の具は何で出来ている?・」。買うことが当たり前の世の中。〝つくる〟という実体験は貴重なもの。「絵の具ってそもそも昔はどうやって作ったの?・」。過去に思いをはせると、想像力が高まっていく。「顔料（ピグメント）と接着剤（展色剤）を混ぜて、絵の具ができた!・」という喜びや達成感から「では、組み合わせを変えたらどうなるだろう?・」、科学的な思考力や好奇心が湧いてくる。

教科書に載っていない大切なことを、体験を通して感じてほしい。当たり前のような顔をして、足元に転がっている石や、道端にひっそりと咲く草花。これを使ってなんとか「色」を作り、「美」を求め続ける人間の長い長い歴史。その歴史の中には、忘れ去られた技術や素材もたくさんあるのだろう。少し立ち止まって、こうした探究の過程を、学校教育に生かしてほしいと考えている。

④まとめ

私たちはこれらの講座を通じて、教師に授業のネタを提供しているのではない。教師に色で遊ぶ、形を楽しむといったことを通じて「自分の目でモノをみる」ということの面白さを感じてほしいのである。そのため、できる限り教材は身近なものを使い、ほんの少しだけ使い方を工夫する。それだけで、見方、感じ方が変わる。こうしたことに気付くきっかけを提供しているのである。

「講座」や「研修」と聞くと、不思議と人は肩に力が入り、表情が硬くなる。心も身体も身構える。身体と感覚を活性化するワークショップは、こうした硬直した状態から、「こんなのでいいんだ。」とリラックスさせる。「何だか面白そうだ。」と好奇心を掻き立てる。中には感覚が刺激され、色や形に敏感になる場合もある。能動的に見る身体（感覚や体）を作るのである。教師の中にも、対応が上手な人がいる。特別なことではない。自分自身が本当に面白い、楽しい、好奇心が刺激されることを一緒に行うのである。そうすると『見る』が楽しい」（＝好奇心が働いている）状態になる。そういうことを実感してほしいのである。

子どもと一緒に作品を見ていると、私たちでさえ、自分の見方がいかにつたないか、偏っているか、思い知らされる。例えば、ある日のツアーで起きたこと。子どもたちと、南画の掛け軸を見ていた。すると一人の子どもが「これは竜宮城だ！」とつぶやく。え、竜宮城？ どこが？ 「あれがお姫様で、海底に木が生えていて、その向こうにあるのが竜宮城！」と説明してくれる。よく見ると、上から光が差し、木々が揺らめく様子は、海藻にも見える。「地上の風景」としか見ていない自分が、恥ずかしくなる。教員研修でよくいわれるという「子どもに学べ」ということの典型例が、美術館の展示室では日々起きているようだ。しかし、一緒に見ている大人の側にアンテナが立っていなければ、子どもの言葉は見過ごされてしまうのだろう。最終的には、教師が「自分の視点をもってモノをみる」を実行できるようになってほしい。様々な評価にさらされてきた大人が変わるのは、難しいかもしれない。しかし、教師がこの一歩を踏み出すこと、それが最も重要なことだと私たちは考えている。

5 これからの美術館、博物館の役割を考える

照山龍治［「地域の色・自分の色」実行委員会委員長］

①これからの美術館、博物館の役割

博物館とは、何か。歴史、芸術などに関する資料の収集、保存、展示に加えて、研究や教育、普及を行う施設というのが、一般的な定義になるだろう。すると、博物館の一種である美術館は、美術作品を中心に、それらの業務を担う施設ということになる。

これまで文化財行政は「保存」に重点を置いてきたが、「展示」や「教育」に重点を移し、積極的に人材育成や地域振興で「活用」する方向に変わろうとしている。その中で行われた国の議論では、美術館・博物館に対して「専門的すぎる。親しみ、魅力に欠ける」「学校連携が不十分である」「所蔵品を教育に積極的に活用すべきだ」「地域の学習拠点に整備すべきだ」という四つの課題が示された。大分県においては、大分県立美術館設立にあたって作られた県立美術館基本構想の中で、そのコンセプトを「地域に密着し、県民一人ひとりが『自分たちの応接間』と思ってくれる美術館」とした。つまり、生活の延長線上にあり、誰もが利用しやすい「開かれた美術館」にすべきということである。特に、教育機関との連携については、子どものころから芸術に関心を持つことがきわめて重要であり、「学校との連携に力を入れる必要がある」とした。そして、子どもたちの心をとらえて離さない魅力あるプログラムの開発に努めること

としている。また、第1章4節で触れたように、県立美術館の運営を議論した知事諮問機関の答申には「地域の人も気づいていない地域のすばらしい魅力を、アートの力により見える化して広く情報を発信すること」「芸術文化に触れ、創造活動を体験することは、子どもたちが健全な成長をしていく上できわめて重要であり、それにより生きる力が身につく」とある。

なぜ、このような考え方に至ったのか。

２０１７年11月末に、第65回全国博物館大会が県立美術館の向かい、ｉｉｃｈｉｋｏ総合文化センターを主な会場として開催された。２日目には「博物館における人材育成 〜学校教育との連携を例に〜」と題したシンポジウムが行われた。

その中で、パネリストの一人から、「日本の美術館や博物館が、今、危機的な状況にある」という話があった。例えば、外国に比べて来場者数が少なすぎるという。例えば、フランスが誇る世界トップクラスの美術館・ルーヴル美術館は年間来場者が９００万人といわれているのに対して、日本トップクラスの博物館は、２５０万人程度だというのだ。

そのパネリストは続けて、日本の博物館が危機的状況にあることを物語るエピソードとして、次の三つの話をされた。

一つ目は、ある地方公共団体の会議で起きたこと。会議の中で、その地方公共団体が運営する博物館が、今後の企画展示の予定について報告をした。すると、出席者の一人が「行ったら面白いのはわかるのだけれど、行くのが面倒なんだよね。」とつぶやいたという。美術館や博物館は面白いという認識を持っている人たちはいる。でも、その人たちを呼び込むだけの力が、今の日本の美術館や博物館には足りないことがよくわかる事例である。

二つ目は、アジア各国が国を挙げて美術館や博物館に力を入れるようになったこと。中国や韓国の他にも、最近では他の国にもすばらしい博物館や美術館が次々に生まれている。例えば、10年ほど前にタイ・バンコクに建てられた美術館には、今も若者たちが集まっているという。また、シンガポールでも近年、非常にすばらしい美術館ができた、と有名である。今や日本の美術館や博物館は、アジアで先進的であるとはいえなくなったのである。

三つ目は、大学や短期大学、専門学校等を対象とした「キャンパスメンバーズ」制度について。キャンパスメンバーズ制度とは、登録した学校の学生は、特定国立博物館や美術館の展示を無料もしくは割引料金で鑑賞できる制度である。そのキャンパスメンバーズから、ある文系の国立大学が脱退した。財政が苦しくなると、文化のお金から切っていくということだろう。

一方、学校の側にも動きが見られる。第1章2節で木村が触れたとおり、文部科学省は、２０１７年３月、新学習指導要領を公示した。そこで「1．改正の概要（1）幼稚園、小学校及び中学校の教育課程の基準の改善の基本的な考え方」として「（略）子供たちに求められる資質・能力とは何かを社会と共有し、連携する『社会に開かれた教育課程』を重視したこと。」を挙げている。また、小学校や中学校の具体的な学習指導要領では、美術や理科、社会といった授業での、美術館や博物館の活用や、それらの施設との連携を促している。社会全体で子どもたちを育てていくということ、美術館や博物館が学校と協働して教育を行うことが、学校のほうにも求められるようになってきたのである。

美術館や博物館と学校とが連携するメリットは、いくつも考えられる。例えば、美術館や博物館としては、将来の鑑賞者の育成を行うことができる。学校としては、子どもたちがグローバル社会を生きるのに大切な、ふるさとへの愛着を養うと同時に、感性を豊かにすることができる。これは、社会全体にとって非常に有益なことだ。また、科学的な検証はこれからだが、前にも触れたように、美術館に親しんでいる子どもほど学力が高いといわれている。これが実証されれば、誰にとっても喜ばしいことだ。また、生涯教育の場である美術館や博物館が、自身の持つ実物資料や専門家を持って学校教育と連携することで、より良い学びを提供することができる。

例えば県立美術館は、前に述べたようなアウトリーチや巡回展の他にも、顔料を作るためのセットを貸し出すこともできる。学校が地域、美術館や博物館と連携することで、WIN－WIN－WINの関係が成り立つのだ。今、求められている美術館や博物館像というのは、学校と連携して子どもたちを育てている姿なのではないだろうか。

しかし、冒頭の話に戻ってみよう。学校はもちろんだが、どうやら日本は社会全体として、美術館や博物館に対して傍観者となっているような気がしてならない。地方公共団体の会議で出た言葉ではないが、美術館や博物館が何かやっているのはわかっていても、自分には縁のないことのように思われているのではないだろうか。美術館や博物館が生き残るための戦略として、学校との連携を選ぶとするならば、美術館や博物館から働きかけるべきなのだろう、と私たちは考えている。

②美術館、博物館が学校と連携するために

美術館や博物館はこれまで、展示室に展示資料を揃え、お客様が来てくれるのを待っていることがほとんどだ。それだけでは生き残りが難しいということは、どこの美術館や博物館も理屈ではわかっている。そのような中で開催されたのが、先述の全国博物館大会であり、シンポジウムであったといえよう。シンポジウムでは、「地域の色・自分の色」実行委員会の取り組みと、国立科学博物館の取り組みを事例として紹介し、これから美術館や博物館が人材育成と地域振興にどのような役割を果たしていくのか、果たしていけるのか、ということを議論した。その中から、このシンポジウムにパネリストとして参加された共立女子学園の御手洗理事長、埼玉県教育委員会の小松教育長、コーディネーターとして参加された東京大学大学院の秋田教授のご意見と評価を紹介する。

御手洗理事長

この実行委員会の特徴は、まず、美術館のほうから計画的・組織的な働きかけをしていること。学校だけでなく地域をフィールドとして、美術館のほうから出かけていく。美術館に来てもらい、そこで様々な実験や解説をするのではなく、学校のほうに出かけていく。次に、美術館でプログラムを作り、教育委員会を巻き込み、組織的、計画的に売り込んでいくという手法。そして、総合的な学習という枠の中で、自由自在に大きな単元にも小さな単元にもできるまとまりのあるプログラムを開発していることである。

地域には歴史資料館や青少年科学館という様々な博物館施設があるが、この学校と連携した取り組みは

いろんな施設のモデルになりうる。なぜかというと、地域をフィールドにしているからである。これが非常に大きい。ただ、一般的には、それぞれの歴史資料館や科学館が地域の素材を活用、どう学校と連携するかというときには、教育委員会が主体性をもって、政策的に取り入れるということが大事になる。地域の博物館は人的スタッフも豊かではないので、学校と連携するときには、それぞれの博物館が単独にではなく、教育委員会が教育政策として結んでいくことが大事である。人的スタッフの確保という点では、例えば、教育委員会や学校など教育関係であれば退職教員をどう活用していくかという視点も大事だと思う。そのような視点で、市町村教育委員会がそれぞれの市町村で取り組んでいただくことが期待される。

それから、実行委員会の活動は、ふるさと学習であり、ふるさとの人材育成に向けた活動であるということである。地域創生に向けて、人材をどう育成するかは、市町村における教育上の喫緊の課題。国レベルの課題に、グローバル人材の育成がある。それぞれの市町村が地方創生を目指している中では、持続可能な地域作りを支える人材を育成することは喫緊の課題。そういう観点から見れば「地域の色・自分の色」をテーマにしていること、これは非常に特徴的である。色は普遍的なコミュニケーションツールである。幼児のときから「何の色が好き?」「赤いチューリップ」という風に、幼児教育から小学校低学年、あるいは高学年、中学に行くと、これが歴史、地域の産業、世界的な地理、そういったものにつながっていく可能性を、普遍的に持っている。例えば理科でも、今はリトマス試験紙なんて使わないのかもしれないが、青になったり、赤になったり。あるい

全国博物館大会シンポジウムの様子

は化学反応による色の変化を一つひとつ確かめていくということで、芸術教育・美術館教育とかではなくて色という観点によって教科を超えた、教科融合型の活動にもなりうるということである。このように、色という視点は、これからの教育にとって大きな課題になりうると思う。

そういった意味で、色ということに着目して、どこから始めるか、どのように始めるか。学校によっては違いがあると思うが、この科学研究のプログラム、あるいは美術館の活動の中で「地域の色・自分の色」という視点で、体系的なプログラムを作っていく。それが色彩に基づいた学習に発展していく。そのようになることに期待をしたい。

現在、学力が問題になっているが、実行委員会の取り組みは自分の色という視点で、自分自身の自覚、自己認識、自尊感情などを通して、自主性、自立性、主体性を養うことを狙っている。学習指導要領でいえば「学びに向かう力」「学ぶ力」である。これが、知識・理解・技能のベースになり、こういったものを摑んだ上で学んでいく。このような基礎的な、ベーシックな力をこの活動で培っていく。また、ふるさと学習としての「地域の色」という視点だが、これはとても大事だと思う。ふるさとの人材を育てる。この取り組みは美術教育を核にした教科融合学習に基づいて、人材育成を行うというものであることを強調しておきたい。

小松埼玉県教育長

本日、この発表で私が一番注目しているのは、中間組織（リエゾン）である。実行委員会は、県立美術館と特定の学校を結ぶ中間組織である。ただ、県内にはたくさん美術館がある。他の美術館と学校をつなぐ中間組織に発展できるのか。それがこれからの課題となると思う。教育にとって大事なのは、教材やノウハウを積み重ねて、それを各学校で共有できるかということである。それは、学校が単独で新しいものを開発することは困難だからである。

作った教材をしっかり使っていくのは大事。実行委員会で積み重ねていることをデータベース化し、他の学校、県内だけでなくて他の県でも使えるようにすることを期待したい。それから、大分県では教育委員会や知事の後押しが非常に大きい。他の県ではなかなか、こうまでいかない。ここまで博物館・美術館に力を入れている首長がいるということはとてもありがたいことだと思う。

この取り組みは、次の指導要領でいっている「主体的で深い学び」というものを、すでに実現していると思う。ぜひ「大分県でこんなことをやっている」ということを、他県にも広めてほしい。教育委員会や学校を説得するのは大変。教育長として、私はそう思う。それぞれの地域で、やりやすいやり方があると思うし、館によっても特徴がある。それぞれの地域、それぞれの館に合うやり方で、広めてもらい、その情報をまた共有し合えれば良い。

秋田東京大学教授

木村指導主事から「美術の教師としてやっていたときは、一人で工夫しながら、学校の中でやっていた。ところが、今では、人の輪が生まれ、その輪が広がり、学校が地域に、地域が更に広がっている。これは大変良かった」という話を聞いた。3年前、小松教育長と一緒に、初めて姫島村へ行き、実行委員会の実践を見た。そして「これは間違いない。ここには未来がある。」と思い、このプロジェクトを応援することにした。私は、全国の様々な地域の学校の教育実践に携わっており、各地にすばらしい実践があると思う。しかしながら、この実行委員会の実践がすばらしいところは、常識を超えた成果を子どもたちの姿で見せているところである。『びじゅつって、すげぇ!』という本の中にある、子どもたちが佇む姿の写真は、本当に3年間でこんなに変わっているのですよと訴えかけている。何より訴えかけるのは、事実であり、子どもたちの姿。それは、美術館だけではできない。財団の皆さんをはじめ、県教育委員会やいろんな方がつないでいるから、作られている仕組み。そして、大学と地域の学校との連携がこの結果を出しているのだと思う。「色」について、美術の観点から説明があったが、大分大学は、工学系、理学系の先生も一緒に、大学ぐるみで、この取り組みを支えている。こういう仕組みはなかなかできない。こういった事例を教員養成課程の学生が聞くと、未来の在り方が、わかってくるのではないか思う。美術館、博物館は、ものを見るという本質的な、知の探究の根幹の在り方を子どもにも教師にも教えてくれるのではないか。大分県は新任2年目の教師が美術館で教員研修プログラムを準備し、小学校と幼稚園、子ども園の教師が全員受講している。これはすごい。レオナルド・ダ・ヴィンチはアートと科学の両方ができた。将来、彼のような創造的な人を作っていくのだろう。学力ももちろん大事。でもこれからの世界では、創造力が更に求められる。そういう人材がふるさとにいて、ふるさとを誇りに思う。地域を愛する人材を生み出していくことが、地域振興の鍵になる。それを今、大分県が見せてくれている。この試みを大分県だけでなく、全国でできるという糸口を見せてくれているのではないか。

③支援組織としての「地域の色・自分の色」実行委員会の役割と美術館・博物館に対する実行委員会の願い

私たち、実行委員会は、「子どもたちと共に成長する開かれた美術館・博物館」と「開かれた学校を核にした地域ぐるみの教育」を目指し、価値観の異なる美術館・博物館と学校・地域を結びつける界面活性剤と、その中で新たな価値を生み出す触媒の役割を果たそうと活動している。それは、ここまでにご紹介した、たくさんの方のご意見やご評価にとどまらず、読売教育賞最優秀賞受賞や、姫島小学校のソニー教育財団奨励賞受賞のように、一定の評価もいただいている。

しかしながら、あくまでも私たちの願いは、開かれた美術館・博物館と開かれた学校、そして地域が連携し、学校を核に地域ぐるみで子どもたちを教育する仕組みができることである。矛盾しているように聞こえるかもしれないが、界面活性剤と触媒の役割を果たしている私たちが、できるだけ早い段階で、美術館・博物館や学校・地域にとって必要性がなくなることが、理想である。

こうして成長した子どもたちが将来、地域文化の担い手となり、美術館・博物館の支援者となることを期待し、私たち、実行委員会は活動を続けていく。

5

活動を支える人々の声

1 実行委員会のひと

照山龍治［「地域の色・自分の色」実行委員会委員長］

第66回読売教育賞受賞を機に、「なぜ、学校が受け入れたのか」「なぜ、この取り組みに教育委員会は協力的なのか」「なぜ、短期間でここまで持っていけたのか」など、これまで私たちが、ほとんど意識しなかったことを様々なところで問われるようになった。今後この取り組みを、深く掘り下げていくにしろ、広げるにしろ、一旦ここで、多くの方が疑問に思われていることを、整理することにした。「地域の色・自分の色」実行委員会のメンバーとこれまでの経緯を振り返る中で、いくつもの偶然が重なり、今の取り組みがあることがわかった。これは、ここまで述べてきたとおりである。

特異な経歴と知識、技術、人間関係を持つ実行委員会メンバーが、大分県立美術館の教育普及の中で出会った。「面白いことをしたい」「世の中をあっといわせたい」という実行委員会メンバーの発想から生まれた夢が触媒となり、化学反応を起こした。そして、多くの関係者や関係団体が共有できるわかりやすい「テーマ」を探した。それが「色」であり、「色」という視点から、ふるさとの良さや自分の良さを再発見していくという取り組みが始まった。こうして方向性が明確になっていき、地域や教育委員会、学校などとの連携・協働から、組織化が進んだ。更に幾多の人と出会い、この取り組みへの意見や評価をいただく中で、「各界有識者による支援」の輪は広がり、この取り組みは大きく成長し、今日に至る。

この世に偶然はなく、全ては必然だともいう。これが必然であったなら、要因はどこにあるのか。

この取り組みをまとめて来た私自身のことを、振り返ってみようと思う。

そもそも私は、大学は工学部を卒業した、生粋の理系人間である。そんな私が、大分県庁の行政職に採用された。それ以来、財政課と人事課に連続して25年。ほとんど行財政改革と組合交渉に終始した。当時は、大半の行政職員と同様に、助成金と許認可等で政策は動くと信じていた。そのため、政策の中で学校を活用することなど、全く念頭になかった。

２００８年6月14日、大分県教育委員会の汚職が発覚。この事件が私の人生を一変させた。7月16日の発令により、私は知事部局の総務部と県教育委員会を併任し、プロジェクトチームのリーダーとして、その調査と教育改革に関与することになった。その折、強く感じたことがある。それは、人材の育成や地域の振興に学校の果たす役割が非常に大きいということ。ところがその一方で、学校は現実社会と一線を画し閉鎖性が強いと感じた。学校を人材育成と地域振興の核とする「学校開放」と子どもたちを社会の危険から守るという「学校安全」は相いれない面もあることは十分理解できる。しかしながら、バーチャル世界が子どもたちの間にも広がっている中、学校を開放し、地域ぐるみで子どもたちに実体験をさせながら育てていくことは、大事なのではないか。教育改革を進める中で、そんな議論をしていた記憶がある。

そのような中、２００９年4月病院事業管理者に任命された。そして、大分県立三重病院と豊後大野市の公立おがた総合病院を統合し、市立の豊後大野市民病院を設置するというプロジェクトに関わることとなった。主な任務は、医師確保と職員の配置転換だった。医局を回って医師派遣を依頼する中で、派遣地域の教育水準について聞かれた。医師が家族を連れて赴任するかどうかの判断基準になるという。一見関係ないようにも思える医師確保にも、教育水準の向上が大事だということを痛感した。

そして、2011年3月11日、東日本大震災が発生。連日報道される津波や、その被害の様子に、日本中が震えた。そのような中、5月1日に防災担当部長に異動。またもや私の人生が一変する。

大分県南部はリアス式海岸であり、東日本大震災で大きな被害を受けた三陸地方と地形が似ている。9月議会までに津波高の想定等防災基準を見直し、年内には防災計画の見直しを行うように指示された。調査のため、被災直後の宮城県・福島県にも行った。その折、目の当たりにしたのが「釜石の奇跡」。地域ぐるみの防災教育で、想定外の災害を乗り越えた。三陸地方に言い伝えがある。「津波てんでんこ」、自身の命は自分で守れという意味だ。被災地の方々は「被災時に機能したのは訓練などの実体験。自然を実体験からよく知り、よく理解することが大事だ」という。そして「自然は、大きな災害をもたらすが、大きな恩恵ももたらすことを忘れてはならない」という話もあった。

ちょうどそのころ、担当課から、ジオパークの説明を受けた。ジオパークは、日本ジオパーク委員会が地質・地形に特性を持つ地域を認定、地域振興に活用するという取り組みである。このジオパークに、大分県から姫島村と豊後大野市が手を挙げた。認定後、観光振興などに一定の成果を上げている。ジオパークには、もう一つのねらいもあった。それは、地質・地形から、地域ぐるみでふるさとの良さを再発見していくことだ。その中で始まった、学校を核にした子どもたちのふるさと学習「ジオ学習」は注目に値する。

せわしなく日々は流れ、2012年は明けた。宮城県や福島県から大分県に避難していた人々が帰郷を始めた。「地震・津波で多くを失い、当初、帰郷は全く考えていなかった。しかし盆踊りや初詣を経て、ふるさとに帰りたいと思った」「私たちには長い歴史とすばらしい文化が残っていた」と言いながら。

２０１２年4月、当財団の専務理事に選任された。そして、２０１３年2月、知事の諮問機関からの「芸術文化を活用した人材育成と地域振興」を当財団に期待するという答申を受け、以降これが私の最も大きな仕事となる。「どうすれば良い」「どの分野から手をつけるか」「誰に相談するか」悩んだ。

まずは、「ブレーンストーミング＋ＫＪ法＋原点回帰（行き詰まれば）」でとにかくやってみることにした。つまり、いろいろな人の意見を聞き、構築、実施、修正、再構築を繰り返す、ということである。

このような中、無二の仲間となる実行委員会の主力メンバーに出会った。目黒区立美術館から来た榎本グループリーダー（教育普及）、県教育委員会から派遣された木村指導主事、県立美術館の前身旧芸術会館から来た山本学芸員、そして当財団経理担当の塩月主事、これに私を加えて「もみじの会」の誕生だ。以降、この5人で県内各地を回ることとなる。榎本グループリーダー指導の下、石を拾って、顔料を作り、絵を描いた。草を刈って染料を作り、布を染めた。骨や木を蒸し焼きにして炭を作り、顔料にした。松脂や菜種油を燃やして、松煙墨や油煙墨も作った。地域にはそれぞれ「色」がある。「色」という視点で「地域」を見直してみると、とても美しいと感じた。新たな発見と驚きの連続であった。ふるさとを見る目が変わった。県庁人生を通じてこれまで疑問に思っていたもの、見えなかったものが見えたように感じた。これは使えると確信した。「歴史文化」「人材育成」「地域振興」そして「開かれた学校」「地域ぐるみの教育」「ジオパーク」「色」などなど、いろんな言葉が頭の中に浮かんだ。ただ、どう組み立てれば良いのか、どこから手をつければ良いのか、具体的な手法が見えない。個性が強く経歴も異なる「もみじの会」のメンバー間の意見も微妙に異なる。葉先が分かれた「もみじ」のように思えた。

連携の糸口を探して、県内を駆け回ったことは、第1章3節などで、述べたとおりである。学校は、単発のイベントとしてなら理解を示すが、継続してほしいというと「教育効果があるのか」「教諭の負担が増える」などと理由をつけ、抵抗する。教育委員会は学校次第という。市町村長は理解を示しつつ、教育委員会の専管事項という。どこもなかなか動かない。やはり成功事例が要る。そのためには、たとえ1校でも学校に協力してもらう必要がある。中坊公平弁護士の「正面の理、側面の情、背後の恐怖」という言葉が脳裏をよぎった。

それが正しい手法なのかはわからないが、組織を動かすためには、それが現実だと再認識した。ただし、この取り組みを、学校を核に進めていく限り「学校が主体。実行委員会は支援組織」、このことは忘れてはならない。その中で、姫島村が動き、村と当財団の共同事業「姫島まるごとジオ・ミュージアム」が始まった。「島の石を材料にした顔料作り」「島の草を煮詰めて染料作り」「車えびの殻などを蒸し焼きにして炭作り」を3年のローテーションとする。そして、小学1年生が中学を卒業するまで、10年間継続し、学習指導要領の特例措置、「ふるさと科」という授業の中で、取り組むこととなった。これは大変大きな第一歩であった。そして、この取り組みは県下各地に広がっていった。県教育委員会も、これを採用2年目の小学校教員全員を対象とした研修に取り入れた。それは、幼稚園、子ども園と校種の広がりも見せている。教育効果の検証に向けた大分大学との共同研究も始まった。姫島村村長いわく「この取り組みが始まって以降、子どもたちの学力が上がっている。」とのこと。その相関関係が証明できれば、大きな成果になるだろう。そして、この研究は科学研究費基盤Bに採択され、私たち「もみじの会」は「地域の色・自分の色」実行委員会となった。加えてこの取り組みは、多くの方から評価され、第66回読売教育賞最優秀賞をいただくこととなった。一方、このような成果を上げているにもかかわらず、今も実行委員会の中にはいろいろな意見がある。これからもいろんな議論があるだろう。それで良い、そうでなければならない。組織の中の異なる意見を大事にすることが、取り組みを進化させ続ける原動力だ。それが、「地域の色・自分の色」実行委員会である。

2 美術館から

加藤康彦［大分県立美術館副館長］

①はじめに

美術館に勤務する学芸員の主たる仕事は、美術作品や資料及び美術事象についての調査・研究、収集・保存、展示・公開とされている。しかし、もう20年以上経つだろうか、教育普及活動の充実がいわれるようになった。最近では、作品をどう見ればいいのか、何を感じ取ればいいのかまで、丁寧に説明することが求められている。こうなると、単に作品の来歴や美術史上の位置づけ、作家の人となりや活動歴などを、一方的に伝達するだけでは済まなくなる。影響関係にあった他の作家や類例作品の紹介、更には作品が制作された当時の社会情勢や思想的背景等々、より幅広い視点から美術を捉えて、作品を時代や社会の中に位置づける。更には学芸員の個人的な感想や収蔵に至る苦労話などまで披露して、鑑賞者の興味と関心を引き出すことに努めなければならない。

これが学校相手になると、また違う難しさがある。一般のギャラリートークや講座は、自主的に参加した能動的聴衆が相手。見方や捉え方を提示すればいい。しかし、学校から団体鑑賞で来館した子どもたちは、引率されて来た受動的聴衆である。科学館や歴史系の博物館は、理科や社会科の実物教育の側面が強く、「学びの場」として、授業の延長線上に普及事業を展開できる。しかし美術館の主体は鑑賞である。

それも教科書に掲載されているような名品中の名品を実際に見られるわけではない。初めて聞く作家の、一度も見たことのない作品を対象に「鑑賞する」ことを体験的に学習する。学芸員の立場からいえば、普段は大人の能動的聴衆を相手にすることが多いので、作家や作品の説明をする前に、まずは子どもたちを相手に会話するということに気を遣う。その上で、作品鑑賞の楽しさや面白さを感じてほしいという願いを胸に対応する。そうした体験を積み重ねることが、おそらく芸術鑑賞の効用とされる「情操」を子どもたちに育むことにつながるし、美術館がみんなの広場のような開かれた場所であるとの理解が、社会全体に広がることになると考えているからである。美術館は、知識や思考法の教授といった学校の授業とは少し違う、未知の価値観との出会いを演出しているのである。

②「地域の色・自分の色」

学校相手になんら積極的な策を講じず、手をこまねいているだけというわけにはいかない。特に大分県立美術館は「出会いと五感のミュージアム」をコンセプトとし、より実際的な運営上の役割として「地域振興」と「人材育成」に貢献することが求められている。大分市の中心市街地活性化の推進のため、年間入館者数50万人という目標値が定められているし、教育普及事業については、県立美術館の計画段階から専従スタッフの配置と関連スペースの確保、事業展開の充実が図られてきた。県立美術館における教育普及は、館の看板事業の一つといえよう。

そうした中で打ち出したのが「地域の色・自分の色」プロジェクトである。基本的な理念は、自然や風土、歴史や文化といった地域特性を客観的に把握することで、ふるさとに対する関心を高め、そこを出自とする自己のアイデンティティ確立を促し、地域社会の成熟を図るといったところだろう。一連の工程を「色」をキーワードに推し進めようというのが美術館らしい工夫だ。近辺に転がる石や土、植物などを使って、実際に色を作り出す体験を経て、十人十色の個性が自立し、共生する社会の在り方を理解させる。こうした体験を通じて、自らを育む郷土への関心も深めていこうという、普遍的な価値観に基づいた教育的効果が期待できる試みなのである。

県立美術館は、大分の美術を中心に様々な作品や資料を収集しており、「地域の色」については、コレクションで対応できる。大分の地は江戸時代に入ると小藩分立となり、幕末には八藩七領といわれるほどに細分化され、それぞれの土地に固有の文化が形成されてきた。美術の分野では、江戸後期に県南西部の竹田に南画の田能村竹田が生まれ、明治、大正にまで続く「豊後南画」隆盛の礎を築いた。北部九州の中心に位置する交通の要衝・日田では、生活雑器を生産した小鹿田焼が、今も江戸期以来の一子相伝で民陶の技を伝えている。明治時代になると、日田では周辺の豊かな森林資源を生かした木工品を器体に漆芸も盛んになった。国内有数の温泉地・別府では、良質の竹材を使った竹工芸に優れた作品が生まれるようになった。これらは全て、その土地ならではの風土が育んだ、日々の生活に密着した美術であり、大分特有の美術事象として全国に誇れるもの。子どもたちは、こうした大分の多様な美術との「出会い」を通じて自らのふるさとを知り、作品の美を「五感」で楽しむことで、豊かな感性を育むことができる。

また、子どもたちが「自分の色」というフレーズに触発され、自らの嗜好や関心事について批判的になることも、学芸員としては大いに歓迎できる。そもそも相手が人であれ創作物であれ、何かに出会うことは、それ自体ワクワクするような快楽を伴う。楽しいことを「楽しい、嬉しい」と素直に感じる感覚の解放、感性のリラクゼーションは、作品鑑賞には欠かせない大前提である。

③学芸員の声

だが、こうした「感性のストレッチ運動」は、誰にでもこなせるものではない。そもそも石を砕いて絵の具を作ること自体、美術とどう関係するのかということには、県立美術館の学芸員の中でも様々な意見がある。この取り組みについての学芸員の率直な声をいくつか拾ってみた。

「学芸員の立場からすれば、絵を見せて理解してもらう、更にそのことについて自分なりの意見を持ってもらう、というのが本道。いま教育普及スタッフがやっているのは、美術の世界を飛び出して可能性を探っている段階という印象がある。」

「現在の教育普及スタッフのような、アーティスト的タレントによる誘導があればこそ、子どもたちは美術に興味を示すようになる。個性的でユニークな取り組みだと思う。」

「通常の美術館教育の範疇ではないが、小さい子どもたちには有効な手段なのかもしれない。自分の目で見、対話し、課題を見つける力を養成することになるのだろう。人材育成において美術鑑賞が関与しうる可能性を感じる。」

「担当している教育普及スタッフの才能、やり方ともに大いに評価できるが、基本的に実演型の感性教育なので、美術館でなくてもできるのではないか。それにタレント性そのものは誰にでも継承できるわけではないから、現在の手法を館の教育普及システムとしてマニュアル化するのは難しいと思う。」

さて、教育普及グループ以外の学芸員は、巡回展を通してこのプロジェクトに携わっている。各会場の様子についても学芸員諸氏の感想を聞いてみた。

「やはり担当の教員の熱意によって対応はまちまち。子どもたちの反応に大きな温度差が出る。」

「学芸員にとっては手間もかかるし大きな負担になるが、ある意味とても贅沢な授業で、子どもたちが美術に親しむ上ではすごく有効なやり方だと思う。」

「巡回先の学校では、子どもたちが学芸員になって作品紹介などをやっている。自分なりにストーリーを練っていて、驚くような面白い内容の解説にも出会うことがある。教育効果とか美術体験という意味では、いい機会であり効果的だと感じる。」

更に、今後の美術館と学校との連携の見通しについては以下のような意見があった。

「県立美術館単独で県内各地域を回るのは限界がある。やはり市町村にある博物館や資料館など地域の文化施設との連携は欠かせない。」

「事業自体、けっこう手間ひまがかかるし、何よりある程度の予算が必要になる。これを軽減しようと、あまり事業の効率化を図ると、今度は巡回展自体が貧相な内容になって面白くなくなってしまう怖れがある。恒常的かつ十分な予算措置と、学校とのパイプ役を果たしてくれる人材確保がどうしても必要になる。」

「地域に出向いての展示は、その場所にふさわしい内容や会場の展示構成などをよく考えて取り組まねばならず、学芸員にとってもいい勉強になる。」

「芸術鑑賞については、最近も米国の美術館が軽度の認知症患者を対象に鑑賞ツアーを実施して、症状が改善したというような報告もある。医療分野と同じく、今回の事業でもある程度の効果が検証できると広がりが出る。」

④おわりに

事業効果を何に見いだすかも含め、今後も検証作業は続くことになるが、本来美術の面白さは先の見えない奥深さ、寄る辺なき広大さにこそあるように思う。ただ、この面白さは受動的鑑賞では見えてこない。「地域の色・自分の色」プロジェクトを通じて、未知なるものとの出会いの楽しさを子どもたちが知り、少しでも能動的な鑑賞が可能になることを願っている。

3 教師・学校・教育委員会

照山龍治［「地域の色・自分の色」実行委員会委員長］

①石田吉幸主幹教諭

姫島まるごとジオ・ミュージアムに、姫島小学校の中で一番長く、そして深く関わっているのが、石田主幹教諭である。この取り組みが始まる際、木村指導主事と二人で「どうしたらいいのか」と悩みつつ、準備をした。今では、姫島小学校と「地域の色・自分の色」実行委員会をつなぐ、大事な存在となっている。

この取り組みが始まる際、石田主幹教諭の中には、姫島村の自然を使った美術体験という点で、前年から行っていたジオ学習につながり、ふるさと意識の醸成に役立ち、芸術的なことに触れる機会の少ない島の子どもたちには貴重な体験になるだろうという期待と、教育課程にない事業が突然入ってきたことへの困惑があった。

しかし、この取り組みを重ねるにつれ、子どもたちが、これまでの経験を生かしながら、試行錯誤する姿を見かけるようになり、体験や課題解決的な学習を通して、大分県教育委員会が求める思考力、判断力、表現力が子どもたちに身についてきていると感じたそうだ。また、誰に促されるわけでもなく、子どもたちが矢筈岳やアサギマダラなど、姫島村らしい絵を描いている様子も見られ、ふるさとへの思いが深まっているとと思ったという。

石田主幹教諭は、この取り組みについて「すぐにペーパーテストの点数にはならなくても、これからの活動・学習を継続・充実していくことにより子どもたちの中に思考力、判断力、表現力が培われていくだろうと思う」という。また、自分たちで考え、計画し、実行するサイクルは、他教科とも結びつくので、両輪で頑張っていきたい、ということである。

②榊栄子教諭

榊教諭は、この取り組みの3年目、科学研究が始まった年に、姫島小学校に赴任した。この取り組みについては赴任するまで知らず、初めて聞いたときは、姫島小学校が教育課程特例校だから行っているのだな、といった認識だったという。実際に子どもたちが取り組む様子を見て「姫島村の新たな魅力に気付くことができた」「自分も体験できなかったようなことを子どもたちが経験している」ということで、良い取り組みだと思ったそうである。

榊教諭は科学研究の対象の学年の担任となり、初の実践担当者になった。今まで誰も経験のない授業をするということで、随分悩んだが、少しずつ理解していったという。授業では、子どもたちが自分で採取した木の実や自然のもの等を使って、自分の考えた方法で色作りを行った。普段は使わない道具を使い、子どもたちは生き生きと真剣に色を作り、できあがった色に満足していた。授業終了後、榊教諭は、子どもたちが自分の想像以上の力を出してくれた、と喜んでいた。そして、この授業に関して「一人ひとりが、満足のいく体験活動ができたと思っている」「子どもたちの思いや表現を大事にした活動だったのではないか、と思う。」と話してくれた。特に、方法を子どもたち一人ひとりに選ばせた、まとめの発表については、「一番不安で、正直どうなるか気がかりだったが、子どもたちの発表に驚かされた。色の学習が本当に楽しかったのだなと思った。あんなに嬉しそうに発表をすることは滅多になく、聞いていた子どもたちもびっくりしていた。打ち合わせのときに、木村指導主事、藤井准教授たちが『うまくいかなくても、そこからわかることがあるからいい。原因を考えるのも大事な勉強』と言ってくれたのが、本当にありがたかった。」という。体験して学ぶこと、それを自分なりに表現することの大切さがわかった活動だったと振り返っていた。

③須股哲史校長

須股校長は、榊教諭と同じ年に姫島小学校に校長として赴任した。この取り組みについて最初に聞いたときは、絵を描くにしても、地域の素材を使って自分たちで絵の具を作るということからスタートするということや「美術を思考力・判断力・表現力に結びつけようという発想が〝良い〟とか〝悪い〟ではなく、〝面白い〟」と思ったそうである。

実際の取り組みの中で、須股校長は子どもたちが普段の授業よりも真剣に、榎本グループリーダーをはじめとする美術館スタッフの話を聞いている姿や、自分たちで作った絵の具を大切にしている姿、誰が指示をしたわけではないのに姫島村を題材にした絵を描いている姿を目にした。そして「教育は教える部分もあるが、自ら感じて学び、そして育っていくという部分も大きい」と感じたそうである。

須股校長は、姫島まるごとジオ・ミュージアムに対して、ある程度の成果は感じているが、多くの子どもたちにとっては年に一度のこの取り組みが、子どもたちの成績に大きく影響しているとはいいにくいと話す。そのため、これをモデルにした単元計画を作ったり、校内研究と科学研究を摺り合わせたりすることで、日常の教育に落とし込んでいきたいという。また、自身も含め、教師に経験のないことをプログラムとして行うということで、本来なら美術館スタッフと同じく、指導的な立場にあるべき教師が一人の受講者となっている点を問題としており、校内研究などを活用して解決を図りたいとする。

3年間同じものを3スパン、ただ行うというだけでは、伸びがないと危惧する。そして、学校組織を見直し、姫島まるごとジオ・ミュージアムや科学研究を日常的な教育に活用できるかが、今後の課題であるということであった。

④中元一郎教育長

中元教育長は、姫島まるごとジオ・ミュージアムが2年目を迎えた年に、姫島村教育委員会の教育長に就任した。この取り組みのことを初めて聞いたときは「教育が美術とどう結びつくのか？　これで子どもたちの学力が上がるのか？」と大いに疑問を持ったそうである。

しかし、姫島まるごとジオ・ミュージアムや科学研究の授業を実際に目にしたり、学校の教師と話をしたりする中で、美術と教育の融合が、新・大分スタンダードである思考力、判断力、表現力につながっているのだな、と実感したそうだ。また「姫島色をつくるⅢ　～墨に五彩あり？　車えびシェルブラック～」の様子を見て、車えびから絵の具を作るという発想に驚いたという。興味を持てば集中力が上がる、それがひいては学力につながるのだろう、と感じたという。

姫島小学校も姫島中学校も、村に一つの小学校、中学校なので、全国学力・学習状況調査の結果は公表されない。しかし、中元教育長が見たところ、この取り組みが始まって以降、学年によって多少のばらつきはあるものの、点数が伸びているという感触があるという。

「姫島村は地域の小ささが有利に働いている。だからこそ、子どもたち一人ひとりに目配りができる。」と中元教育長は言う。「姫島色をつくるⅢ　～墨に五彩あり？　車えびシェルブラック～」以降、姫島村教育委員会の職員が中心となり、地域の人とともに離島センターの料理に使用する車えびの殻を干し、集めているそうである。

⑤武田喜一郎委員長（姫島村まち・ひと・しごと創生総合戦略審議委員会）

武田委員長は、内閣府の科学技術会議専門委員も歴任された方で、情報技術関係の複数の会社の創業者として活躍されている。奥様の生まれ故郷である姫島村に移住されてから、教育委員長として教育振興に、また産業振興に尽力され、現在は、姫島村まち・ひと・しごと創生総合戦略審議委員長を務められている。

武田委員長は、２０１６年７月に行われた関係機関連携推進協議会（第1章3節参照）にて「もともとアートとサイエンスは対比する概念であり、片や再現不可能なものであり、片や再現可能なものだ。これを融合することは非常に大きなテーマ、ある意味大きすぎるかもしれない。美術が持っている力で算数においてどういうふうに結果としてあがってくるのか。テーマとしてはかなりチャレンジであると思う。それを実践するための具体的なプロセスはかなり難しいと思うが、私たち会員は協力を惜しまないので、頑張ってほしいと思う。」と述べられた。

⑥藤本昭夫村長

藤本村長は30年以上の長きにわたり、姫島村の村長としてご活躍され、村民から厚い信頼を得ている。第1回姫島まるごとジオ・ミュージアムの開催に併せて行われた講義・意見交換会において、村長は「県・財団の美術館を核とした取り組みに期待している」「今回の取り組みには、村をあげて協力する」と述べられた。

また、前述の関係機関連携推進協議会では「この活動は美術の心、心を養うということにつながっていると思う。近年子どもたちの成績が上がっている。中学校は県下のトップクラス、小学校も成績が上がっており、これもこのような活動により子どもたちがやる気を出したことからだと思っている。これからも先生方や、財団の皆様方からご指導をしていただき、子どもたちがどんどん成長していくことで村民も頑張っていくと思う。」と述べられた。

4 海外の人はこの実践をどう見たか

藤井康子［大分大学教育学部准教授］

①「地域の色・自分の色」実行委員会の取り組みが世界に与えるインパクト

日本美術の魅力を伝えるガイドブック『フランス人がときめいた日本の美術館』（集英社インターナショナル、２０１６）（*The art lover's guide to Japanese museums*, Japan Society Publications, 2015の翻訳版）の著者として日本でも高く評価される美術史家ソフィー・リチャード氏（Sophie Richard）が大分県立美術館を視察されたのは、初夏の訪れを感じさせる２０１６年5月31日であった。リチャード氏は県立美術館の建築、所蔵作品だけでなく美術館が大学等の外部機関と共同で行う〝色プロジェクト〟に高い関心を示され、今後の美術館教育の新しい在り方を示す取り組みとして興味深いということであった。特に、県立美術館２階に設置され、県内全域の石や土などの素材や工芸品などを集めて保管・展示している教材ボックスの内容に強い関心を持たれ、コテ絵の道具や歴史、風連鍾乳洞の自然の造形美などについての説明に熱心に耳を傾けていた。リチャード氏が挙げた課題は、日本の多くの美術館に共通することだが、作品や教育内容についての英語・多言語による解説が非常に少ないことである。美術館の国際化の推進を図り、外国人の来館者が大分県の文化を理解して享受できるようにするためには、英語の情報量を増やしてその魅力を発信していく必要がある。

また、筆者との共同研究のため２０１７年1月25日から5日間大分県に滞在したマリア・アカソ氏（Maria Acaso、元マドリッド・コンプルテンセ大学准教授、美術教育専門）は、県立美術館のコンセプトや県立美術館教育普及グループの〝みる、つくる、かんじる〟を柱としたアートワークショップ＆レクチャーの内容を高く評価された。スペイン国内外の美術館で新しい美術教育の在り方を研究しているアカソ氏は、「来られないのなら、美術館から出向く。」をモットーにしたアウトリーチプログラムが国際的に見ても珍しい取り組みであることを指摘した。大分県には、美術館から遠く離れた市町村で暮らす子どものように、美術館に行きたくても行けない子どもたちがたくさんいる。美術は特別なものではなく日常の中にあること、自らの身体と感覚を活性化させて「わぁ、すごい！」をたくさん見つけさせることを重視するアートワークショップは、〝色プロジェクト〟でも子どもの「学びほぐし」や「色の探究へのアプローチ」につながる重要な位置を占めている。

②海外の教育者は色プロジェクトをどう見るか　～国際美術教育学会での発表から～

２０１７年8月7日から11日にかけて、韓国・大邱広域市のＥＸＣＯ（大邱国際会議場）にて第35回国際美術教育学会（ＩｎＳＥＡ：International Society for Education through Art）２０１７が開催された。参加者は42ヶ国１１００人以上にのぼり、筆者はそこで二つの研究発表を行った。

ＩｎＳＥＡは１９５４年にハーバート・リード（Herbert Read、１８９３～１９６８）氏の哲学と理想〝芸術による教育〟（Education through Art）を理念として掲げ発足した、ユネスコ（国連教育文化機関）から正

研究発表の様子（手前が筆者）

学会会場の大邱広域市 EXCO

式なパートナーとしての支援を得た唯一の美術教育研究国際提携団体である。第35回の大会テーマは「精神・アート・デジタル」であり、美術教育はデジタル社会にどのように貢献できるのか、デジタルと芸術教育との共存という視点から今後の教育の在り方を考える機会であった。

一つ目の研究発表は、大分県教育委員会の木村典之氏との共同による「A Study of Subjects for Integrated Learning Where the Theme is Local Color Starting with the Colors of Life, Making, Seeing and Feeling I」（〝いのちの色を見る、作る、感じる〟から始まる地域の色をテーマとした教科融合型学習の研究Ⅰ）である。科研費による研究「色の探究学習」の1年目の成果について2事例を挙げて発表した。一つは姫島小学校で実践した学習プログラム（第2章4節参照）、二つは佐伯市宇目緑豊小学校での学習プログラム「第1次：色（顔料の粉子）は固まるの？　第2次：色（顔料の粉子）を固めてきれいなクレヨンを作るには？　第3次：色（顔料の粉子）はなぜ固まるの？　第4次：宇目色クレヨンを使ってみたら？」の分析である。大会2日目午後の部の発表で機材トラブルにも見舞われたが、日本人を含め各国から40名程が集まり、会場はすぐに満員になった。

発表後の質疑応答では、次のような質問や感想、依頼があった。「各研究実践校（幼稚園から小学校）で探究学習の内容を変えて実施しているのか」「探究学習の過程で子どもたちが収集した色のコレクションの素材は何か」(中国の教育者2名)、「とてもすばらしい取り組みだと思う。我々の国にも自然を使った実践があるので参考にしたい。」(スウェーデンの美術館関係者)、「これからの教育に必要な取り組みだと思う。ぜひ参考にしたいので、論文を送ってほしい。」(台湾の研究者)。海外の教育者からこれだけの関心を得られたのは、本研究が美術教育における課題「芸術の転移効果」(第1章3節参照)に関する研究につながるものであり、どの国も現代の美術教育が向き合うべき逆風をどう乗り越えるのか模索しているからであろう。

二つ目の研究発表は、「地域の色・自分の色」実行委員会代表の照山龍治氏と木村典之氏との共同による「Human Resources Development and Regional Development Using Museum～The Subject of "Color"～」(美術館を活用した人材育成と地域振興～「色」をテーマとして～)である。大会4日目の午後、アートワークショップを経験する子どもの生き生きとした姿を取り上げながら、美術館から学校現場へ、一生学び続ける人材育成の考え方と仕組み作りについて発表を行った。日本人を含む18名程が集まった。

発表後の質疑応答では、次のような感想と〝今後の展開につながる教師との出会い〟もあった。「新しい美術館の在り方を学ぶことができた。この取り組みの情報を、ぜひ今後も発信し続けてほしい。」(フランスの美術関係者)、「世界には様々な色があふれている。色をテーマにすることでどんな学びにも展開できることに気付かされた。物事を深く追究することが得意な日本人には、色から思考を深めていく学習はぴったりだと思う。例えば大分の文化財で使われた顔料の産地をたどれば、日本以外の国にたどり着くこともあるだろう。諸外国との交流のルートの解明等、歴史的に価値ある新たな発見にもつながるかもしれない。」(韓国人研究者)、「厳しい競争社会で生きる私の学校の生徒たちを県立美術館に連れて行きたい。彼らに、鉱物から顔料を作って絵を描くワークショップやいろいろな美術体験プログラムを受けさせたり、大分県の高校生とも交流を図ることができたらどんなに良いだろうか。」（シンガポールの美術教師）。

現在「地域の色・自分の色」実行委員会では、海外でのアウトリーチの検討を始めている。今後この県立美術館の取り組みが県内から県外へ、そして世界へと展開していくことが期待されている。これらの人々との出会いは、国際的な展開の後押しをしてくれることだろう。

会場の前で。左から木村氏、塩月氏、筆者（藤井）、山口氏、照山氏

③50年後の未来を予測した教育の必要性

これまでの日本の教育を振り返ってみると、近代公教育制度が始まった「学制」（１８７２年）からの知識詰め込み型の教育が根本的にはほとんど変わっていないことに気が付く。今後の人工知能（ＡＩ）の進化と普及が進む社会の変化を想像すれば、私たちが子どものころから詰め込んできた知識の価値は相対的に低減していくに違いない。１４０年以上変わらない教育のままでは、50年後の日本の未来に必要な人材を生み出すことは難しいだろう。「今はまだ存在しない職業」への対策には、受動的に知識を詰め込む学びではなく自ら考え行動する主体的な学び、すなわち生きる力を子どもに育むことが重要である。県立美術館や関係機関との共同による研究〝色プロジェクト〟は、そのような一生学び続ける人材を育てるプロジェクトであると筆者は捉えている。「色の探究学習」の中で子どもたちは、今まさに学びたいと心から

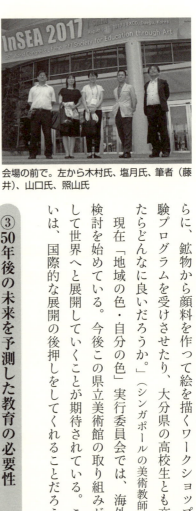

感じることに挑戦する。そこでは、他教科の授業などで獲得した知識を生活の場で活用する方法を考えることが求められる。目の前の課題に自ら考えて挑戦し続ける中で、自分を取り巻く環境や社会に主体的に関与し続けることができる。〝色のプロジェクト〟が子どもたちに育む生きる力は、新しい時代において社会の発展を支える力となっていくだろう。

また、美術教育の視点から見れば、ＯＥＣＤ教育研究革新センターが指摘する芸術教育が他教科の学びにどのように貢献することができるか、あるいは芸術体験によって子どもの創造性や柔軟な思考、空間認知能力、学問的遂行能力、そして情緒に関わる能力がどう促進されるかを明らかにする「芸術の転移効果」の研究につながる。美術教育は今後、学校のカリキュラムの中でどのような存在意義を示していくことができるのだろうか。私たちの取り組みがその一つのエビデンスになることを願っている。

6

地域創生の中核としてのアートに始まる学校イノベーション

座談会

出席者
佐藤　禎一［公益財団法人大分県芸術文化スポーツ振興財団理事長・東京国立博物館名誉館長・元ユネスコ日本政府代表部特命全権大使］
御手洗　康［共立女子学園理事長］
小松　弥生［埼玉県教育長］
照山　龍治［「地域の色・自分の色」実行委員会委員長］
コーディネート
秋田喜代美［東京大学大学院教育学研究科教授］

①活動への関わりと経緯

秋田　この活動に対する皆様の関わりをお聞かせください。

照山　我々実行委員会の考え方、なぜこういう組織を作ったかをお話しします。実行委員会がどういう役割を果たせばよいかと考え思いついたのが、界面活性剤、そして触媒でした。美術館、文化施設の教育に対する考え方や理念と、学校教育の理念とがあまりにもかけ離れているという実感があったのです。まず、教育委員会や学校から出た意見のほとんどが、なぜ美術館が学校教育に入るのかというものでした。だから、価値観が違うものを界面活性剤のように、まず出会わせ結びつけなくてはというのが最初の思いでした。そして、出会わせただけではなく新たな価値を生み出すには、そこで触媒の役割も果たさなければならないと思って、やりました。

ただ、そういう役割をどのように果たしていくのかが問題でした。界面活性剤というのは、ご存じのとおり、油の親和性と水の親和性を持っているものをくっつけるということですから、いろんな経歴や価値観を持った人間を実行委員会の中に入れるべきじゃないかなと思ったのです。実はその前にさきがけみたいなものがあり、美術館を作るときに、知事の諮問機関を立ち上げたんです。そのときにもいろんな議論があって、大分県が美術館を作るのであれば、大分市の美術館と競合するものでは意味がない、独自の役割をきちっと果たしてもらいたい。それには芸術文化の拠点作りと、県立ですから、大分県全体を巻き込むような取り組みをしてほしいということでした。それをどうすればいいのかと思ったときに、学校教育と美術館を結びつけるのが一番早いとなったわけです。

照山氏

実はその前に福祉とか産業の面でもいろいろ実践していたんです。ところが大分の場合は、日田のほうは福岡県の経済圏、中津は北九州の経済圏、竹田のほうは熊本の経済圏で、県全体を対象とした経済や福祉になかなか結びつかなかった。だから教育に行き着いたということなんです。それで、今のような役割を果たす実行委員会を作れば、となりました。最初は実行委員会ではなく「もみじの会」と呼んでいました。榎本さんと、木村さんと、山本さんと、塩月さんと、私と5人だったから「もみじの会」です。芸術文化を活用して人材育成、地域振興といっても、初めは何をすればいいのかさっぱりわからなかった。それでいろいろな方を訪ねて、いろいろなお知恵をいただいて来ました。これまで私は、防災とかいろいろなことをやってきて、わからないときには、ブレーンストーミング、ＫＪ法、原点回帰をいつも心がけていたんです。だから、みんなの意見を寄せ集めて整理をして、法則を探そう。やってみてうまくいかなければ、原点に帰ればいいのではというやり方をしていったのが今回の取り組みです。行き着くところは、界面活性剤と触媒の機能を持つ、実行委員会という組織を作って、くっつければいいと。更に有識者会議を作って佐藤先生はじめここにいらっしゃる三人の方にも入っていただいています。

佐藤　私は各論のところには何も書いていませんけれども、今回このまとめをするにあたって、総論的なことをお話ししておきたいと思います。

ちょっと大きな話からしますと、１９８０年代から世界中、教育改革というのが始まったのです。それはなぜかというと、一つは、進学率がどの国でも随分上がってきて、従来の学校体系では多様なニーズにこたえられなくなった。もう一つは、だんだんクロスボーダー、国境を越えて人々が移動をするということになってきた。そうすると、教育はそれぞれの国の歴史や文化を反映した独自のものですけれども、それぞれの国のシステムというものの理解をきちんとしていかなければいけない。１９８０年代は各国の協調の考えはあまりなかったんですが、20世紀の終わりごろからグローバリゼーションが更に進んで、競争も起こるようになってきた。システムだけではなく中身についても共通理解をしようというので、ご存じのＰＩＳＡのキー・コンピテンシーの話が出てきました。それが進んで、我が国では前々回の学習指導要領から「生きる力」を更に進めるとなりました。キー・コンピテンシーも、もう世界標準といっていいと思いますけど、そういう学力観が我が国でも定着してきているという流れであろうと思います。

それを受けて、いろんな工夫が進んできましたし、あらためてアクティブラーニングなども取り上げられて、工夫が進んでいるわけです。でも、総論としてはそうなんですけども、各論の積み上げがなければ、実際の全体としてのできあがりにはならないわけで、実はそれがかなり難しい。まさにこの大分県のプロジェクトが、美術館教育から入るという、非常にスペシフィックですけれども、全体としての教育改革にどう役に立つか、その素材を提供しようという意味ではきわめて意味のある活動だと自負しているところです。

美術館教育はあちこちの館で行われているんですけれども、この館の特色は、館が一人でやるのではなくて、県も市町村も巻き込んで、首長さんも、教育委員会も一緒になって、また学校も一緒になって、みんなで協働で課題に取り組もうとしたところです。「地域の色、自分の色」というテーマを切り口にしたきわめてユニークな活動でありますし、多くの人が努力をされた。それが今回この本としてまとめられるということは大変ありがたいこと。ぜひ多くの人々に知っていただきたいと思っているところであります。なお、ＯＥＣＤもアートと教育というテーマをＣＥＲＩという教育革新センターでずっとやってきて、２０１３年に『アートの教育学』という報告書を出しております（２０１６年に明石書店から日本語訳が刊行）。ですからこのテーマは、世界的にも関心を持たれている分野であるといえると思います。

小松　私は目の前に転がっている課題を解決するという観点からお話しいたします。私は美術館に勤めていたという経験があるのですが、美術館など文化施設を立ち上げるときは、当然、住民に親しんでもらえなければなりません。その一つの手法として、開館前からアウトリーチ活動をするというのがあります。兵庫県立芸術文化センターの佐渡裕さんがされていました。今回の活動も、たまたま榎本さんが地域の色の探求という面白そうなことをやっていて、これでアウトリーチをやってたら、美術館ができる前からみんなのワクワク感、県民の楽しみにしているという気持ちが湧き上がってきました。また、そのような教育普及事業に力を入れることによって、子どものころから美術館に行く、あるいは美術に興味を持つ。そういう習慣づけになって、将来のお客様を確保できるのではないかと思いました。

もう一つは、文部科学省が、あるころから、ゆとり教育とは反対の、いわゆる偏差値が上がるような教育に舵を切ったような気がしています。個人的には、ゆとり教育の理念は間違っていなかったと思っており、そのころに大事にされていた、学校外の教育がすごく弱くなってきたなと思っています。音楽とか美術など芸術科目の時間数が減らされそうになり、関係者がすごく頑張って、持ちこたえたと聞いております。今後ＡＩが進化したときに、英語を一生懸命勉強して喋れるようになっていても、「自動翻訳機があるから英語喋れなくてもいいじゃん」とならないか。いわゆる主要5教科みたいなところばかり勉強していてもだめで、もっとクリエイティブな力を身につけなければならないのではないか、クリエイティブな力を身につけるためには、美術館でいろんな作品を観るとか、色で楽しむとか、そういうことをやってないといけないんじゃないかなと、漠然とした危機感を持っておりました。それを、たまたま大分県立美術館が今回の活動をやってくださったのです。そこで、活動するだけでなく、エビデンスを示さないといけないんじゃないか、美術館教育をやったから、それが回り回って全国学力テストの点が上がったということでなくてもよく、なんらかの変化が子どもたちに現れたということを、ちゃんと科学的なエビデンスとして示してほしいなと思ったので、それで研究してみたらどうですかとお話ししたのです。本当にやってくださったので喜んでいます。

拝見しますと、子どもたちの疑問に思うことが変わってきたとか、視点が変わってきたとか、あるいはまとめるときの考え方が変わってきたとか、一人ひとりの子どもを追跡して観察することによって、変化が出たということがわかってきたので、これはすごくいいことだなと思っています。このような研究の成果を発信することによって全国に伝えていただければ、先ほど照山さんがおっしゃった、学校と美術館は水と油だというような、そういうところに一石を投じることができるかなと思います。特に大分県の場合は、教育委員会の施策として行っているということで、他の自治体に与える影響も大きいと思って楽しみにしている次第です。

御手洗　私はどういう立場で関わっているかというと、大分県人として、我がふるさとで、美術館が面白い活動をしはじめたということで、大変興味を持っています。学校教育をずっとやってきた人間として、小松さんからもありましたように、クリエイティブな側面をどう育てていくかというのは、明治あるいはそれ以前の教育という伝統からしても、戦後の学習指導要領から体系的にカリキュラムを作っていくという手法からしても、日本の学校教育の基本的に弱い側面だと思っています。それを、生きる力をつけなきゃいけないから少し変えていきましょうとなって、この20年ぐらいいろいろ進めてきました。

学習指導要領を見ると、博物館あるいは科学博物館、美術館、郷土資料館、そういった地域の教育機能というものをどう活用するかということが、どの教科にも書いてあります。私が県の教育長をしていたと

御手洗氏

き、科学博物館が開館して、子どもたちを招いて理科の実験をするとか、あるいは学校と一緒になってカリキュラムを作るという話をよく聞きました。東京の国立科学博物館やお台場の科学未来館など、子どもが来て楽しんでやるということについては一生懸命やっていて、それは美術館や博物館の仕事としては、非常にいい方向にどんどん進んでいると思っていますけれども、体系的に教育をしていくという側面から見ると、美術館、博物館の教育機能を学校側が主体的にカリキュラムの中に組み込んでやっていくかどうかという点では非常に弱いという気がしています。今回のこの、大分県立美術館と実行委員会のアプローチは、そこを開発してくれる、非常にいい活動をしてるんじゃないかなと期待して見ています。

秋田　私はお三方と違って、活動が立ち上がった少し後から依頼され関わるようになりました。これまで、学校教育の現場に校内研修の講師として関わってきましたが、それとは違う役割ですがこの活動は面白いと思ったんです。それは、アートや創造性を考えていくときに、色というテーマはいわゆる図工や美術だけではなく、科学や国語など、広がりが非常にあるテーマです。しかも国際的に見ても通じる問いだと前から思っていたのですが、これを足元からやっている。しかも、色について教えるのではなくて、「自分色をつくる」という、一人ひとりの子どもが問いを持って自分の色を見いだしていくプロセスを保障する教育である。いくらグローバルということがいわれても、足元の自分の地域や自分の自信がない限り、教育は役に立っていかないんじゃないかと思っていたので、その意味でもこの教育が面白いと思い巻き込まれていきました。

皆様がおっしゃるように、実行委員会のお話を伺っていていいなと思うのは、他の教科ですと、パフォーマンスの評価で「できた、できない」を判断するのに対して、これはほんとに子どもの姿で、その子がどう変わったか、認識がどう変化していったかを教員集団が全員で見ていく。しかも教師だけでは得られない専門的な本物の知識を美術館の方はじめいろいろな方が支えておられるわけです。今回の新学習指導要領でいえば、社会に開かれた教育課程の先進的なモデルとして取り組んでおられる。アートの実践はあちこちにありますが、これだけ丁寧に一人ひとりの変化を追い、一方では地域の大学である大分大学の先生方が関わることで、色の認識についてのルーブリック（Rubric）やアセスメントなども行いながら、また指導主事の方や、教員研修ともつなぎながら、いわゆる、串さし団子じゃないですけど、子ども、教師、学校、教育委員会、地域が筋が通っている。他の自治体や海外の人からも評価されている。一人ひとりの子どもから全てが、串が通ってきちんと体系だって、いろんな実践が作られている。それによって子どももも変わっているけれど、実は大人も一緒になって変わっていっている。こんな教員研修はなかなか他にはない。本物の大人が一人ひとり、市民として、専門家として関わりながら変わっていく場を作り出されたこと、新たな発想を作られた点ですばらしいと思います。

今２０１８年がＰＩＳＡのグローバル・コンピテンスのアセスメントが始まり、２０２１年がクリエイティビティや批判的思考力が測られる予定とも聞いています。創造性と広く一般的にいうだけでは何も生まれないけれども、手や足を動かしたり、五感を使いながら始める地域の学習は大変意味があるとあらためて思っています。ぜひこの本を美術館の方にも教育委員会の方にも、それから、一人ひとりの学校の先生方にも、自分は図工でないから関係ないといわずに、様々な読者に読んでいただきたいと思っています。

②普遍的な「色」

御手洗　今秋田先生が、色というものは、どの教科にも共通すると、普遍的だとおっしゃいました。私もこのテーマを見たときに、そこに一番興味を持ったんですね。一つは「自分の色」ということで、色が自分自身を作り上げていくためのツールになっている。それからもう一つ、今、地域創成、地域人材の育成ということが、国の政策課題になっています。小学校教育や中学校教育というのは、もともと地域の人材を作るというのが基本です。それが明治以来どちらかというと東京に出すことが一つの大きな流れになっていて、それを止めましょうというのが今回の、新しい地方創生のための大学の計画を作りましょうという話にもつながってるのかもしれません。

地域を作っていくことと、自分を作っていくことは基本的につながっています。

子どもが物心ついたときに、聴覚もあれば色覚もありますけど、色というのは言語に結びつく上でも、あるいは形を認識する上でも、非常に重要です。幼児期からの星の色が科学技術までつながっていくという発展性、共通性を持っている。

そういう観点で、現行の学習指導要領を見てみました。すると、いろいろな教材にありとあらゆる色に関わるものが出てくるわけです。国語では、若山牧水の「白鳥はかなしからずや空の青海のあをにも染まずただよふ」につながる。それから赤でいえば、茜も赤でしょう、「あかねさす紫野行き標野行き野守は見ずや君が袖振る」と。こうやって詩歌の系列でも色は常に出てきます。音楽では、チューリップの歌もあれば、あるいは唱歌、「夕焼け小焼け」もあれば、「さくらさくら」だって、「もみじ」だって、つまり、もう色に関わるものは全部ある。社会科では「各国の国旗国歌」を理解するとあるんですね。国旗というのはまず色ですよ。色について、世界中のみんなが持っているイメージが出てきます。また、地域の産業や、地域の環境を理解していく、調べたことを表現する。表現するときには必ず地図を使ったり、グラフを使ったりと色が必ず出てきます。それから図画工作・美術は当然として、家庭科でも、調理や被服、住まいの学習でみんな色彩が伴ってくるわけで、学習指導要領のどこを見ても、色の学習に事欠かないんですね。

そういった意味では色をテーマにしておけば、どの教科でもこれが自分の色、ふるさとの色にアプローチできますし、何よりも総合的学習の時間を一つの特色あるカリキュラムとして作り上げていく上で教科横断的に、どこにでも各教科各学年にちりばめることができるので、色の普遍性、共通性というものがこのプログラムの一番の特徴じゃないかと思っています。

それからもう一つ、地域創成ということでいえば、自分のふるさとの中から、土にしても、あるいは草にしても木にしても、そこで自分の色を見つけて、その自分の色とふるさとの色が重なっていくということで、忘れられないような郷土意識をしっかりと幼稚園や保育園のときから作っていけるという意味でも、地域に根差した「人」を育てていくというテーマにもアプローチできるという意味で大変注目をしています。

佐藤　その大切な色、色だからこそ、僕は盲学校が今回参加されたことに感動しているのです。あれはどういう経緯なんでしょうか。

照山　原点は美術館の活用です。なぜ姫島に持っていったかというと物理的に一番遠いからです。一番遠いところから来るようになれば、近くは当然来るんじゃないかということで、一番遠いところを、姫島や宇目をまず挙げたんです。では機能的に一番遠いところはどこかということになると、視覚に障害のある子どもだろうと。そこで視覚に障害のある子どもに美術館はどう役立つのかということをいろんな人に意見を聞いて回りました。すると、ほんとに視覚に障害のある子どもは、どうも色がよくわからない。だから色を理解できるようになったら、もうちょっと感性を豊かにできるんじゃないだろうかという話になったのです。本書にもありますが、ご本人いわく、盲学校の校長はご自身も色覚に異常があるそうなんですね。だから、子どもたちに色を理解させたい。ではどうすればいいのか。そこで委員会でも議論したのですが、それであれば、色のカケラを集めていったらどうか。りんごは赤、トマトも赤、という形で赤の色を集めていく。緑を、他の色を集める。そして視覚以外の感覚で子どもたちと一緒に学んでいったらどうかと。そうしたら自分の脳の中に色辞典を作っていくのではないだろうか、というやり方にたどり着いたのです。

実践して4年が経ちましたけれども、たしかに子どもは変わりました。今、H君という子がやっているんですが変わりましたね。実はこの話を、地域医療の専門で自治医科大学の講師や旧大分県立三重病院の院長も務められていた、財団の産業医、坪山先生に話したのです。すると医学的にも非常に関心があるとおっしゃっていました。

③地域ならではの、地域ぐるみのすばらしさ

照山　ところで先ほど地方創成の話が御手洗理事長からありましたが、都会では、地方創成ということになると、若い人たちが集っていろいろ話し合う。ところが田舎に行くと、出てくるのは70歳以上の方なんです。そこで地方創成といっても、議論がなかなか回らない。やっぱり地域で地方創成するなら学校を核にして、20年30年後の将来、その地域を支える人間を作らなければいけない。学力に関しては、私も田舎で育ちましたからわかりますが、当然都会に比べてハンディがあると思います。しかし地域の色というのは、東京に負けないものが、ふるさとにもあるんだと、子どもたちに誇りを持たせる、自信を持たせる。そうすると自分の色っていうのが色濃く出てくるんじゃないだろうかというのが考え方の根底にあります。だからまず、どこにも負けないものを見いだす。姫島には車えびがある、姫島にはあれだけの火山が七つあって、ジオパークもある。

御手洗　姫島の車えび、まさに一村一品の代表ですよね。今回の活動は一村一品から姫島が一村一文化になった、まさに文化に昇華したということです。それが全国の地域で起こっていく出発点になったということでも大変すばらしいと思います。

照山　ところでなぜ姫島で我々の活動が広がっていったかというと、姫島にはケーブルテレビがあるんです。ジオ・ミュージアムの様子を番組にして日に9回、週5日間、つまり45回流しているんですよ。だからこの授業の様子が自然と開放されるわけです。「子どもたちが色の話をする、なぜかな」って最初は、保護者が疑問に思う。そんなときテレビにこの番組が流れる。「なるほど、こういうことなんだ」となる。そしたらＰＴＡから、学校はこんなにしっかりいろいろやってくれてるんだという話が、先生方に届く。すると先生方が自信を持つ。そしたら、その取り組みを学校をあげてやるようになるという、ある面でいい教育の循環ができていると思います。その結果、子どもたちの学習意欲もけっこう上がってきているようです。それを見て、宇目に広がり、津久見に広がっていっているのも事実です。それが地域ぐるみの教育なのではと感じています。

秋田　やはり今大切なのは、情報共有をどのようにしていくか、それがネットワークをどう作るかだと思います。都会にはネットワークがありそうなんですが、設備面のハードはあるんだけど、実はみな内輪で、ＳＮＳでも親しい人しかいない閉じたコミュニティになっている。姫島に伺った中で面白いと思ったのは、変な言い方ですけど、中心じゃなくて周縁が逆にいろんなものを、文化としてきちんと残している。そこから新しい可能性が見えてくる。盲学校もそうですけれども、照山さんがおっしゃった、少し中心から離れたところから、逆に新しい可能性を見いだし、イノベーションが起こっていくという、教育の一つの大きなモデルのような気がしています。しかも、子どもたちが与えられた色を学ぶんじゃなくて、地域特産の車えびを蒸し焼きして色を作り出していく。都心にいる子は決まった製品をそのまま与えられて習得す

秋田氏

るような学びが多いのに対して、逆に色を自分たちで発見しながら、その地域ならではのものを作っていく。

色は、命とも関わっています。私はイタリアのレッジョ・エミリア市という、以前ニューズウィーク誌が世界でベスト10に入る未来の教育といっていた地域の教育に関心を持っているのです。そこでもやっぱり命によって色は変わることを大事にしています。私たちもそうですけれども、赤ちゃんのときの肌から年齢がいくと皮膚の色が変わっていくわけですよね。生きてるものの命と色っていうのは関わり合っていることがわかる。それから、地層。年代や地域によって土から石の色が違う、そういうことをやっぱり子どもが感じていく。子どもが命と色の関係に気付き、それが地域を発見していくところにつながることで、先生たちもつられてワクワクしていく。そういう関係性が非常にいい構造をもたらしていると思います。そしてこれがなぜ一般化できるかというと、他の地域でもそういう関係は見つけられるからです。これからは「ふるさと納税をしたい」と思う人材を育てていくことが大切じゃないか、どこにいたとしても愛着を持って、そのふるさとを豊かにできるような人材を育てていくことがとても大事ではないか。姫島には中学校までしかありませんが、こういう教育を受けた子どもたちはきっと高校に行っても大学に行っても姫島のことを忘れないでしょう。地域に定着して、地域のことを学べるチャンスは義務教育段階や高校までしかないので、こういう事例が地域の学校教育にあることはすばらしいなと思います。

④非認知的能力の重要性

佐藤　この活動は、いわば非認知的な能力を開発するという意味で非常に大きな意味があるという整理をすることはできないでしょうか。すっかり一般化してしまうと面白くないかもしれませんが、個別の事例ではなく、全体として、その教育学的な意味を整理してみんなに知らせていくと、もっと発展するように思います。

秋田　おそらくそれはいろいろな形での異質なものとの協働や、石一つ砕いて目指す色にするとか、その色を見いだしていくまでのプロセスで、失敗を繰り返しながら子どもたちが様々なことをやり遂げていくことから生まれていくものですね。子どもだけではないですよね。例えば榎本さんは、牛の血液からプルシャンブルーを見いだすために長時間かけて探究をされています。成人含めみんながみんな、そのやり遂げていく力や、自信などの非認知的な能力をここで育てていっている。そして同時に、繊細な審美性や美的感覚とか、同じ色の中にも、さっき御手洗さんがおっしゃったように微妙な色合いを見つけていく。そういうセンシティブな豊かさっていうのでしょうか。量の豊かさじゃなくて、微妙な質を見分ける鑑識眼、という質的な面もたぶん育てていると思いますね。

小松　埼玉県は県独自の学力調査をやっていまして、それは、全国学力テストとは異なり、毎年の問題の難易度を合わせる処理ができるもので、子ども一人ひとりがどう伸びたかがわかるんです。非認知能力の調査もしていますので、非認知能力がどう学力の伸びに影響したかがわかるのです。それから、教員ごとに担任したクラスの成績分析ができるので、その教員の指導の何が良かったかというのもわかるんですね。そこから、協調学習が非認知能力の向上に役立っていて、それが一人ひとりの学力の向上につながっているというのが、当然のことではあるんですけど、3年間やってわかってきたんです。この学力調査は効果があるのではないかということで、今度福島県が一緒にやることになりました。大分県の研究の中で、非認知能力のデータを毎年とっていけば、色の活動をやってないところとやっているところとの違いなどがわかってくると思います。もちろん学力にはそれ以外のことも影響しているとは思いますが、認知能力の向上の前段階として非認知能力の向上があるのではないかと考えています。そこを明らかにしたいですね。

秋田　はがき新聞で自分の島の自慢を中学生が届けたいという活動があるから、英語も書けば、日本語も自分たちでブラッシュアップさせていくような……。

照山　おっしゃるとおり、自分の考えを届けたいという気持ちから、積極性が出てくるんだろうと思います。それと、注目されたり、いろんな人たちの意見が入ってきたりすることで、授業の中に活力が出てくるような気もしますね。

秋田　いわゆるグローバル・コンピテンシーというと、英語ができるとかいうイメージがまずありますが、そうじゃなくて、本当に異質なものが入ることによって、自分を見直すことができるようになっていくとか、異質な人からいろんなことをいわれると自分が寛容になるとか、そういう批判的な思考や慎み深い態度がすごく大事なのではないでしょうか。

⑤学校と家庭との関わり

照山　それと、家庭で、小学校とか中学の教育の、学習のことを話題にするようになるというのは大きいんじゃないかなと思います。教育は学校だ、家庭は関係ないという考えがやっぱりけっこう多いですから。

御手洗　それはほんとに大きいと思いますよ。例えば東京近辺の子どもたちは、小学校3、4年生から塾に行かせられますよね。遅くなれば親が迎えに行く、あるいはお弁当を持たせていく。教育をまさに家庭ぐるみでやっているわけですね。その結果がある意味での学力格差、あるいは経済格差による学力格差ということで現れてきてるわけです。それが姫島の場合は、別の形であるけれども、家庭の中で、色でも何でも、学校のことを話す、そこから家庭が子どもの教育、学校の教育に関わってくるということはやっぱりものすごく大きいことですよね。

照山　村長も教育長も、島ぐるみになってやっているものですから。これはたしかにあまり例がないかもしれませんね。

秋田　そして、美術館が関わっているから、家庭でアートに目が向いたり、文化に目が向いたりする。どうしても親は、我が子の教育っていうと、私も過去にそうでしたけど、教科の学習がちゃんとできているかしらというのが気になって、その指導は支援しても、美術館や博物館に行くとか、地域の画家の絵がどうなっているとか、そんなことには忙しいものだからなかなか関心が持てないのが実際です。でもこういう試みによって、家庭が巻き込まれる。面白いから親も参加できる活動の意義は大きいなと思います。

照山　以前私は知事部局にいて予算とか人事ばっかりやっていたんですけれども、教育の議論はあまり出ませんでした。地域振興ということになると、どうしても予算の査定が主になる。許認可とか補助金とか。学校を核にしながら地域を振興していったというのはほとんど記憶がないんです。ところが教育委員会に移って思ったんですけど、藩校とか寺子屋とかが地域を振興していったように、小学校中学校の地域に与える影響ってやっぱり大きいんですね。少子高齢化になればなおさら、将来の地域を支えるということになると、小学校中学校の役割っていうのは田舎ではものすごく大きくなってるのではないかと思います。だから、学校を核にした人材育成、地域振興というのが、今は問われてると思います。

佐藤　ほんとは学校が明治以来、地域のセンターだったはずなんですが、結局学校が残って、もう一度脚光を浴びてるんだと思いますね。

秋田　でも学校側に、その意識が少ないのも事実ですよね。

照山　それで水と油っていったんです（笑）。

秋田　それが問題ですね。でも、小中は割と、こうやって地域の人が学校に入りやすいし、割と核になりやすいんですけど、高校はまだまだ課題かなと思います。この活動は高校ではあまりやっていないですよね？

照山　高校ではまだやっていません。実は、県立美術館としては、県教育委員会が所管している高校のほうが入りやすいんです。一方、小中学校は市町村教育委員会が所管しているのでなかなか手が出ないのです。また、学校に入る場合には一回のイベントとしてなら学校は割と好意的に受け入れてくれますが、授業の中に位置づけて継続していくということになると、それが学校教育にとって何の意味があるのかとか、学力にどう影響するのかとかいうことで、学校はなかなか動いてくれなかったということはあります。

佐藤　結局、首長さんが一生懸命になったところが比較的大きく展開されてるんですね。

御手洗　教育振興計画を市町村ごとに作ることに大きな意味があるわけですね。

左から照山氏、小松氏、佐藤氏、御手洗氏、秋田氏

照山　今特定の市町村は市町村ぐるみでやっています。うちの拠点校はまさしくそうなんですね。津久見市も、佐伯市も、姫島村も市ぐるみ、村ぐるみでやっています。今後、別の市町村も入ってきそうです。

御手洗　それを動かすようにしたことが、この実行委員会、あるいは県立美術館の非常に大きな先駆性だと思うんですよ。それから美術館側からすれば、そういう関わり方によって、先ほど秋田先生がおっしゃったように地域の人が美術館を身近なものとして見直してくるようになると、それが美術館の普及活動の成果です。そういう点でもすごいことだと思いますね。

照山　学校の地域振興の役割はやはり非常に大きいと思います。

⑥学習指導要領における「色」

御手洗　学校の役割、ということで先ほどの話の続きを少々。幼稚園の場合は遊びを通して学んでいくわけですが、そこでも、幼稚園教育要領では「ものの性質や仕組みに気付く」となっています。ものの性質というのは、色や形ですよね。更に表現の分野を見ると「生活の中で、音、色……」というようにちゃんと出てきます。小学校の生活科では色そのものは学習指導要領には出てきませんが、教科書では「秋の色を見つけましょう」「いろんな色を作りましょう」という形で出てきます。色作りが幼児教育から生活科にずっとつながっています。更に小学校ではっきり出てくるのは理科です。3年生からは物質の性質について考えるとあります。具体的には「生物は色、形など姿が違うこと」と、色が出てくるんですね。それから、4年生になると「星の明るさや色の違う星があること」、5、6年生になると水溶液の性質の実験で、酸性、アルカリ性や水溶液の色を見ます。

小松　そういう視点で学習指導要領を読むと面白そうですね。

御手洗　「色」が学習指導要領のどの教科でも出てくるし、教科書を開けば、どこもここも色だらけですよ。

秋田　面白いですね。教師側がそういう目線で学習指導要領を読んだりするといいですね。

御手洗　ふるさとの色という話に戻っても、自分の色という考え方の基軸があるから、どの教科で色と関わっても全部自分の立場から見られる。これはとても大事なことだと思う。

秋田　今、幼児教育の中で、「色に気付く」とありましたが、この「気付く」というところが大事だと思います。それが自分で見つけたり関わっていったりする出発点なので、この気付きがもっと教育の中で大事にされるといいと思います。

御手洗　好きな色っていうのは、子どものときからあるものですよね。洋服作ってあげるにしても、買ってあげるにしてもどの色がいい？　お菓子にしても、どの色がいい？　それが、大きくなるとファッションになったり、口紅の色になったり、そこまでつながるわけでしょ。

秋田　奥が深いですね。

⑦どうやって、どういう組織作りをするか

小松氏

小松　組織の話に戻しますが。このような形の実行委員会という仕組みを作ったのがすごいというのは私も賛成なのですが、このメンバーが揃っていたということにも注目しています。知事部局から教育委員会に来て教育改革もされた照山さん、教育普及の専門家で色に執念を燃やしている榎本さん、学校現場から来ている熱血美術教師の木村さん、全てを支える塩月さんという強力なキャストです。ですが、このメンバーでないとできないというのでは困るので、そのノウハウも研究したいです。どうしてこういう実行委員会ができたか。「中間組織」という表現をされていますが、この「中間組織」というのが何事においても非常に大事

だと思っています。教育資源とそれを必要としている現場を触媒としてうまく結びつけることが、どんなことにも必要だと最近思っていまして、その組織をいかに作っていくかが重要です。お話を聞いていると、最初から戦略的にやっていたのではなく、手探りでここにたどり着いたようにも見受けられますが（笑）。

照山　まさしくそうなんですよ（笑）。小松教育長から諮問会議の中でポーンと投げかけられたものですから、どうしようかと（第1章3節参照）。

小松　研究費を様々な助成機関から獲得してくるという、ファンドレイジング能力も高いですよね。

秋田　前向きですよね。こちらがちょっと情報を投げかけたら、形になって出てくる。逆に誘われれば、みんなが入りたくなる、のめり込みたくなる。そういう試みの循環ができています。更にすごいのは、照山さんが引っ張っていくだけじゃなく、他のメンバーを生かして、それぞれの役割の人たちが、みんな活躍している。組織論では分散型リーダーシップと呼んだりしますね。職位のピラミッドは大事にしつつ、その一方でうまく柔軟にものを生み出す組織というのは、必ずトップが一人ひとりの良さを生かせるような見出しをしています。この中間組織はそれがうまく機能している事例だと思っています。

佐藤　そこに秋田先生が参加してくださったから。

秋田　すっかり巻き込まれてしまって。皆様もそうじゃないですか、本編とは違う、座談会にまで集まってくださって（笑）。

小松　皆さんを巻き込むすごい力がこのプロジェクトにはあるんですよね。いろんな人を集める力が。

⑧色と歴史

佐藤　この前、フランスのデザイナーが日本の色を見に来たっていうドキュメンタリーを見たんです。京都の染め物屋さんに行って、色を出してもらう。それが一見色もない茶色の草花がたくさんあって、これからはこういう赤い色が出て、これからはこういう青いのが出てくるといいながら染めていく様子を映してまして、ほんとに色ってすばらしいと感心しました。特に日本は歴史的に色に対する感性を非常に研ぎ澄ましてきたので、色というのはまさにぴったりなテーマだと思います。

秋田　京都の友禅や佐賀の有田のあたりの子どもたちの色彩感覚はすばらしいです。徳島の藍染めの地域の子どもたちとか、やっぱり地域固有の色合いの感性って地域で育っていくのですね。

御手洗　以前聞いた話ですが、東博にある小早川秀秋の「違い鎌」（猩々緋羅紗地違い鎌模様陣羽織）の色は、写真ではみんな名のとおり猩《しょうじょう》々緋《ひ》として紹介されているが、「猩々緋」というのは本当だろうかということで、共立女子大でかつて家政学部の教鞭を執っていた方が学生たちと調べてみたそうです。結果は猩々緋ではなくて、もう少し黒いえんじ色だったそうです。しかしなぜか猩々緋と伝わっている。

それで家政学（家庭科）の立場で陣羽織の色という被服の面から、色の違い、染料を探究したわけです。赤の染料は日本では茜や紅花から作られますが、この赤の染料の原料はコチニールという、アンデス産のウチワサボテンにつく虫だそうです。アメリカ大陸をスペインが発見して、これを持って帰るわけです。アンデスの赤がヨーロッパで広まっていく。そして１６０７年ごろにオランダ人によって、スズを触媒として、猩々緋の赤色は誕生した。ところが小早川秀秋は１６０２年没だから、陣羽織は猩々緋ではないんではないかといところから出発したわけです。ところでコチニールがなぜ日本に来たかというと、もちろんオランダを通じて来たわけですね。このように、家庭科の色の話が、理科や歴史の話にもなる。

秋田　たしかに文化財の補修をするときに、昔の色をどうするかとなりますね。

佐藤　さっきお話ししたドキュメンタリーでも、途中から灰を入れて、アルカリ性にしたり酸性にしたりして、その性質を変えて色を出していました。そういう工程は経験知で確立されてきたものですけど、でも、科学的な根拠があるものだから、きちんと追究していくと、様々な課題に広げられる気がしますね。

⑨将来に向けた展望

秋田　これからこの活動が更にどんな方向に行くことを期待されますか。

御手洗　繰り返しになりますが、総合的学習の一つのモデルプログラムを作っていただきたい。大分発の学習指導要領とまではいいませんけれど、大分県発のカリキュラムとして、日本中の学校が実践できるようなものにしてもらいたいと思います。大分人として誇れます。

佐藤　私はまた大風呂敷を広げた話をします。最近Ｓｏｃｉｅｔｙ5.0といわれます。社会の発展を、狩猟社会から農耕社会になり、工業社会になり情報社会になって、そしてこれからが5.0だといっているのですが、一方でそれは科学技術の発展、科学技術の観点からのイノベーションというような面が追求されているだけで、社会の在り方というものとのつながりについての考えが、人類全体で浅くなってるのではないかと心配をしています。農耕社会になって社会が固定したときに、その社会の中でどう生きるかというので、ギリシャ哲学もできれば、キリストも出てきて、孔子も生まれれば、お釈迦様も出てきて、２５００年そういうフィロソフィーで世の中は基本的には動いてきた。だからこれからはＳｏｃｉｅｔｙ5.0、違う社会になるといってもそういう社会の在り方を抜きにイノベーションというのを議論されたんではちょっとまずいんじゃないかという気が非常にしています。ですからいろんな角度か

佐藤氏

らの取り組みが必要になってきますし、その取り組みのためのテーマというのは、きわめて大事だという気がしています。

ですから、今されている活動は個別のことですし、その個別のことをきちんとやるのが基本ですからそれはかまわないのですけれども、それにとどまらない、そういった大きな広がりにやがてつながらないかなという、大きな夢を持っているんです（笑）。大風呂敷すぎますが（笑）。でも教育の理念としてはそこを当然含んでいなくては。

小松　やはり自然科学系のほうが、発言力が強くて、人文社会系のほうが弱いですよね。社会全体に対して発信するというところまではなかなかいかない。

佐藤　それは発言の仕方です。その科学技術の発展という土俵に乗ってしまったらいくらやっても敵わないんですよ。だから違った発想で人文知がいかに大事かというのをいわなければいけないんです。コンラート・リースマン（Konrad Paul Liessmann）というウィーン大学の先生が『反教養の理論』という本を10年ぐらい前に出しています。これはドイツ語版しかないので世界中にあまり広がっていないんですが、昨年日本語版が出たんです。いわく、ヨーロッパの大学全体が経済政策に巻き込まれて、経済的な発展という目標だけに従属していって、人文知がちょっと衰えてるんじゃないかと。ヨーロッパの大学界ではかなりこのことが話題になっています。だから日本でもそういう土俵で攻めていかないと。成果がすぐ出るわけじゃないですし、同じ座標軸で議論をしてもうまくいかないと思うんです。いくら経済発展しても社会が崩壊したんじゃしょうがないという方向で警鐘を鳴らさなきゃいけない。

小松　おっしゃるとおりです。ＡＩも今すごく研究されてますけど、技術的に何ができるかだけが追求されていて、何のためにとなると弱いので、そこを人文社会がやってほしいのです。

結局、色は、アート、サイエンス、いろんな観点からアプローチできる。先ほどのお話で医学のほうからも関心を持たれていたっておっしゃった。もっと別の分野にも発展できるかもしれない。だから大分大学にも入ってもらって、他の学部や学科とかも巻き込んで。美術館から離れていってしまうかもしれないけど、実際のところ最後までこの中間組織が全部を取り仕切るというのは無理ですから、それぞれのところで、ここから派生したものが花開いていくような道筋をつけていったらいいんじゃないでしょうか。

秋田　そうですね。これが核の一つになって、いかにいろんな形でネットワークをやっていけるか。小松さんもおっしゃるとおりＡＩや機械は発展している、みんな人のためにやりたいと思っている、でもどういう分野で何をしたらいいかが具体的にわからないといわれる情報理工学系の方もおられます。逆に人文の領域は具体的な使い道がわかる。例えばお年寄りのため、障害のある方のため、子どもたちの教育のため。そしてこういう方向で使えば良くなるけど、このように使うとかえって害悪にもなるということで価値づけたり社会の中の意味を考えている。たぶんこの大分のプロジェクトも単に成果だけではなく、人のつながりとか、ウェルビーイングとか持続可能な社会といわれる社会の発展をいかに保障していくのかというところにうまくつながっていけると、長期的には良いと思いますし、現在その一つのモデルを作っているのかなとも思っています。

また乳幼児教育研究をやっている立場からすると、幼稚園や保育所も大事にしてくださっているのがわかります。人口減少地域では、保育所と幼稚園がなくなっていくと当然学校もなくなるので、村がなくなっていくんです。人生一番最初である幼稚園や保育所に拠点ができると、そこを中心に人が集まっていくので、こういう魅力的なプロジェクトが幼稚園や保育所でなされるのが大事だと私としては思っています。

照山　私は地域防災、地域医療、地域振興とかやってきたんですけど、全て防災教育や健康教育など教育に行き着くのです。また、少子高齢化で地方は今まで長老中心で動いていますが、これからは逆に子どもたちを中心にする。例えば美術館で子どもが一人来ると、家族がついてきて、入館者だけでも何倍になるんですね、だから子どもたち、将来を担う子どもたちを中心に据えて人材育成と地域振興を考えるといいのかなと思います。わかりやすい色、遊びとかを用いながら、美術館の本物を見せながら、そして、子どもたちと一緒に地域の材料を使って色を作りながら人材育成、地域振興を念頭に置きながらやっていけたらと思います。

秋田　では最後に、学校と学校の先生方へのメッセージをお願いします。

佐藤　色を通じてこういうことができたので、どんどん他のテーマもみんなで探しましょうよっていうような運動になるといいですね。

小松　学校や自治体が競い合うのでなく、グッドプラクティスを共有するというのもいいですよね。こういうやり方もあるよというのをみんなが発信し合うと、それぞれがもっと良くなっていくんじゃないか。それぞれの地域の何か、それによって子どもたちの感性、クリエイティビティが豊かになっていく何かを探しましょうよっていうことですかね。

佐藤　こういう実践を見て、それがきっかけになって皆さんがいろんな工夫をしていただくとほんとにありがたいと思いますね。

御手洗　学校全体が今、学力テストで測れる学力というものに傾いていると思いますけれど、新しい学習指導要領でとりわけ強調された、「学ぶ力」や「学びに向かう力」をしっかりと身につけさせていくために、この美術館の活動の内容とやり方というのは大変役に立つと思います。意欲や主体性は数値では表せないけれども、子どもを見ていれば現場の先生にはきっとわかるはずですから、こういうやり方をそれぞれの学校で取り入れていただきたいと思います。

小松　たぶん学校が全てを自前でやるのは難しいと思います。美術館など外部の専門的な力をどんどん使って、一緒にやっていいんだよということも強調したいです。

秋田　私もそう思います。この実践を紹介することが、先生方を忙しくすることではなく、先生方を楽しくすることや、先生の世界がもっと広がって面白くなることへつながると思っています。ですので、ぜひそういう方向を皆さんがこの本を読んで考えていただけたらと思います。

おわりに

秋田喜代美［東京大学大学院教育学研究科教授］

私は大分県人ではありません。大分県内の学校には数年間授業研究等で関わらせていただいたことがありましたが、それ以上に特に関係があったわけでもありません。それが偶然にも、とても興味深い教育プロジェクトが始まるので、教育や研究内容、研究費申請等でのアドバイスをしてもらえないかと、お世話になっている小田豊先生（聖徳大学教授）からお電話をいただいたのが、このプロジェクトに私が関わらせていただくきっかけでした。小田先生は私が授業研究や学校改革でいろいろな学校に関わっているのをご存じであったのでお声をかけてくださったのです。また、この実行委員会で副委員長を務められていた木村先生がいらっしゃった中学校に、私が以前校内研修の講師として関わらせていただいたことがあったというのも奇遇でした。

そして「地域の色・自分の色」実行委員会の照山さんや木村さん、塩月さんのお三方、そして大分大学の藤井康子先生が大学を訪問しお話を聞かせてくださり、地域で自分たちで作られた多様な色のマテリアルを見せてくださったときに、私自身がワクワクしたのです。おそらく、このプロジェクトに地域で関わられたり、この話を聞かれたどなたもがワクワクするのは、「色」というどこにでもある身近な対象、しかも自分の地域の石や植物、素材をもとに絵の具を作り出すことから始まることにあるのではないでしょうか。本書を読み進めていただいておわかりいただけたと思いますが、「きれい」「うつくしい」という感性から始まり、またそこには子どもや大人それぞれがその対象に関わることで、一人ひとりが自分で色を作り出すという営みがあります。そしてそれぞれが他者の色や表現を認め合いながらそこに探究活動をした協働からの一体感が生まれ、人がつながります。アートによる探究の魅力が、ここにあります。どちらの方がうまくできたかできないかというような達成の優劣ではなく、それぞれが自分の色や地域の色を見いだし誇りを持つことから、更に丁寧にその対象を観ようとしたり、いろいろな人との出会いに耳を傾けようとし、探究が始まる姿があります。

本書は、本プロジェクトに関わる多様な人々の声によって作られました。また執筆には直接関わられていませんが活動に関わったり、支援くださったりした大分県や大分大学の多くの方々のおかげでできあがりました。この場を借りて御礼を申し上げます。刊行が当初の予定より遅れてしまったのは、ひとえに編者の一人である秋田の責任でありますことをお詫び申し上げます。本書編集にあたっては、明石書店大江道雅社長と岡留洋文氏には大変お世話になりましたこと、心からの謝意を表したいと思います。

２０１９年４月の人事異動によって、この組織自体の担当者も大きく変わりました。その中でまた今後このプロジェクトがどのように展開していくのかを楽しみにして、一つの区切りとしたいと思います。そして本書が契機となり、いろいろな地域で、色を中核とした様々な探究学習が生まれていくならば幸いです。

編著者・執筆者・座談会参加者紹介

※本書記載の所属・略歴はすべて2019年3月現在

●編著者

「地域の色・自分の色」実行委員会

照山　龍治　「地域の色・自分の色」実行委員会委員長、
　　公益財団法人大分県芸術文化スポーツ振興財団専務理事

木村　典之　「地域の色・自分の色」実行委員会副委員長、
　　大分県教育委員会義務教育課指導主事

塩月　孝子　「地域の色・自分の色」実行委員会事務局長、
　　公益財団法人大分県芸術文化スポーツ振興財団

首藤　智絵　「地域の色・自分の色」実行委員会事務局員
　　公益財団法人大分県芸術文化スポーツ振興財団

秋田喜代美

東京大学大学院教育学研究科修了。博士（教育学）。立教大学文学部助教授を経て、現在、東京大学大学院教育学研究科教授。専門は、教育心理学、学校教育学、保育学。主な著書・論文に『授業の研究・教師の学習』（キャサリン・ルイスと共編著、明石書店、2008年）、『学びの心理学』（左右社、2012年）、『社会情動的スキル――学びに向かう力』（共監訳、明石書店、2018年）、『これからの質的研究法――15の事例に見る学校教育実践研究』（共編著、東京図書、2019年）など。

●執筆者（五十音順、［　］内は担当）

麻生　良太　大分大学准教授　［第2章6節］

伊東　俊昭　佐伯市立宇目緑豊小学校校長　［第3章2節］

魚形　幸助　日田林工高等学校長（前・大分県立盲学校校長）［第3章4節］

榎本　寿紀　大分県立美術館主幹学芸員　［第1章2節］

大野　　歩　山梨大学准教授　［第2章6節］

加藤　康彦　大分県立美術館副館長　［第5章2節］

佐藤　禎一　公益財団法人大分県芸術文化スポーツ振興財団理事長・
東京国立博物館名誉館長・
元ユネスコ日本政府代表部特命全権大使　[はじめに]
西口　宏泰　大分大学准教授　[第２章４節]
平山　正雄　津久見市教育委員会教育長　[第３章１節]
藤井　康子　大分大学准教授　[第２章４節、第５章４節]
幸野　洋子　学校法人別府大学明星幼稚園前園長　[第３章３節]

●座談会参加者

佐藤　禎一　※執筆者欄参照
御手洗　康　共立女子学園理事長
小松　弥生　埼玉県教育長
照山　龍治　※編著者欄参照
秋田喜代美　※編著者欄参照

色から始まる探究学習
――アートによる自分づくり・学校づくり・地域づくり

2019 年 6 月 20 日　初版第 1 刷発行

編著者　「地域の色・自分の色」実行委員会
秋　田　喜　代　美
発行者　大　江　道　雅
発行所　株式会社明石書店
〒 101-0021 東京都千代田区外神田 6-9-5
電　話　03（5818）1171
F A X　03（5818）1174
振　替　00100-7-24505
http://www.akashi.co.jp
装丁　明石書店デザイン室
印刷・製本　モリモト印刷株式会社

ISBN978-4-7503-4851-3
Printed in Japan　（定価はカバーに表示してあります）